SETENTA TEXTOS POÉTICOS

Orlanda Luiza

REVISÃO, PROJETO GRÁFICO, DIAGRAMAÇÃO E CAPA:

MARCOS AVELINO MARTINS
(cygnusinfo@gmail.com)

IMAGEM DA CAPA:
https://pixabay.com/champagne-glass-2475912

(imagem do Pixabay por Domenic Hoffmann)

L953

Ferreira, Orlanda Luiza de Lima 1942 -

Setenta textos poéticos / Orlanda Luiza – Goiânia-GO

Março/2023

136p.

ISBN: 978-65-00-65421-9

1. Literatura. 2.Poesia. I. Ferreira, Orlanda Luiza de Lima. II. Título

CDU 82-1/47

Índice para catálogo sistemático

1. Poesia 82-1

PREFÁCIO

Marcos Avelino Martins*

Assim como aconteceu nos três primeiros livros de Orlanda Luiza, "**Prosa e versos controversos**" e "**Caminhada Poesia e Crônicas**", ambos publicados em 2021, e "**Reflexão e Entretenimento**", publicado em 2022, tive a honra de editar o novo livro dessa excelente poetisa e cronista mineira, radicada em Goiás há longas décadas.

Neste 4º volume de seus belos poemas e crônicas, Orlanda Luiza brinda-nos mais uma vez com inspirados e líricos textos, frequentemente um misto de Prosa e Poesia, contando-nos histórias de sua trajetória de vida, cheia de atividades ligadas à escola e ao mundo jurídico, intimamente conectada à própria família, e dessas passagens traz-nos belíssimas reflexões sobre essa aventura chamada Vida, da qual os poetas conseguem extrair inusitadas abordagens, transformando simples casos em fonte de inspiração profícua e que fazem com que os leitores quase visualizem os personagens que surgem nesses contos e poemas, quase sempre extraídos da própria vida real, mas com um quê de magia, mesmo que o personagem original sequer soubesse que seria capaz de inspirar no futuro tal descrição poética...

Os textos reflexivos e/ou poéticos de Orlanda mostram-nos às vezes semelhanças com nossas próprias reminiscências, e deixam-nos emocionados com passagens que alguns de nós gostaríamos de ter escrito.

Em algumas belas passagens deste livro em suas mãos, Orlanda conta-nos de seus sonhos e esperanças, como, por exemplo, em "**DE ESPERANÇA**" (pág. 11):

"Acredito num novo mundo, em que todos serão libertos e não haverá trabalho escravo nem amor escravo.
Acredito que realizar desejos é questão de tempo e fé.
A magia dos sonhos vai fazê-los concretos.
As pedras do caminho não as atiro em ninguém: junto-as, para reconstruir minhas fantasias em castelos.
Não quero chorar, porque as lágrimas podem eclipsar o céu, impedindo-me de ver as estrelas."

Mostra-nos uma espécie de hino de sintonia amorosa, como no texto "**EM SINTONIA**" (pág. 13):

"O pôr do sol, em raios que se vão longe, traz a noite romântica e sensual.
Estou unida a mim mesma, compreendendo-me e ao universo.
Convenço-me de que estou completa, aceitando-me em minha pele e ossos.
Embebo-me no amor. Inteiramente em sintonia com a vida."

Ou um libelo à esperança e sincronismo com a vida, em "**SINCRONIA**" (pág. 14):

"Brilham as tardes, mesmo que anuviadas.
A noite cheia de estrelas refulge dentro de mim.
A madrugada traz cantigas de galo que me acordam para uma nova aurora.
O sol vem mais reluzente ou sua luz de sempre, eu talvez não haja notado antes.
Flores e crianças sorriem a desabrochar em pétalas e doçura."

Mostra-nos como reagir às incertezas da vida, em "**SOLUÇÃO**" (pág. 15):

"O silêncio traz à tona a vida mal resolvida, as opções insensatas, as escolhas impetuosas.

Fica numa gangorra.
Você é conturbado. Está no meio da ponte e busca algo ou alguém para decidir.
A resposta não vem. A porta continua fechada.
Você culpa o mundo. A solução pode estar dentro de você."

Ensina-nos como enfrentar os desafios, como em "**CAMINHAR É PRECISO**" (pág. 19):

"A estrada pode ser tortuosa, o sol inclemente, muitas pedras de tropeço.
Mas alegrias e sonhos, dias jubilosos e frestas de felicidade, sombra e água fresca também o aguardam.
Olhe onde pisa e volte a olhar para cima. Vá em frente. Não retroceda. Ande! Avance!
Caminhar é preciso. De cabeça erguida."

Conta, sem entrar muito em detalhes, desilusões amorosas num encontro a dois que não deu em nada, como em "**SILÊNCIO EXTEMPORÂNEO**", um dos mais emotivos trechos do livro (pág. 27):

"Reprimiram-se os sentimentos.
Represou-se a emotividade pelo mutismo.
Fluiu o tempo, que vem e passa... Correu a vida.
A boca fechada, fechada ficou. Não se abriu para um beijo apaixonado. Não houve confissão do amor irresistível, decerto a emanar das entranhas de cada um.
Sem manifestação do que se passava intimamente, retraíram-se ambos. Re-traição.
O silêncio nada disse."

Mostra-nos momentos de desilusão que todos temos encarando a própria imagem no espelho, quando parece que queremos brigar com nós mesmos, como em "**ESPELHO, ESPELHO MEU...**" (pág. 28):

"Parei de falar sozinha... Ora, não tenho mais assunto comigo. O silêncio do tempo silenciou minhas fantasias e a imagem espelhada está de cabeça para baixo. Ou eu é que estou invertida? O espelho, espatifo-o, caso se atreva a mostrar minha realidade descorada, a face pálida, o rosto esquálido.
Temo que acabe mostrando meu coração esfacelado, a mente entorpecida, meu semblante de apatia, meus pedaços, afinal.
Sinto minha rota imagem. É a visão desoladora de um íntimo rompido, fragmentado.
Cada caquinho do famigerado espelho traz-me inteira, apesar de não me sentir mais assim."

Conta-nos momentos de alegria primaveril, como em "**FLORES DE IPÊ**" (pág. 30):

"Reina alegria no ambiente do dia de descanso.
O agosto se faz cheio de gosto e imensa beleza de cachos no inverno primaveril.
Ciclistas atravessam a via a eles reservada e seguem com os tradicionais bonés.
As ruas ganham veículos multicoloridos em alta velocidade ou passeando vagarosamente.
Imperam a graça domingueira e as pétalas roxas do ipê, jorrando tinta de amor nas telas da vida."

Traz-nos alguma perdida missiva de um pretendente desiludido, em "**CARTA ROGATÓRIA**" (pág. 35):

"Minha boca secou sem seus beijos... Meu coração se fechou, meu abraço não teve mais como abraçá-la.
Aquela noite veio num som nostálgico de despedida sem adeus.
Fiquei só, desolado, culpando-me por sua louca saída, com ódio de haver encontrado, por acaso, quem pode não ter sido um acaso.
Recordo os momentos de amor vividos, os sonhos e desejos realizados, em contraponto à sem graça monotonia da solidão.
Sei que depois você chorou, lamentou, rebelou-se e até se indignou consigo mesma e com o mundo. As lágrimas já podem haver secado,

o coração a abrir-se morosamente, algo a renascer, talvez hoje, em seu íntimo.
Eu, porém, não consigo refazer-me."

Lembra-nos a necessidade de às vezes esquecer de tudo aquilo que nos atormenta num momento qualquer da vida, em "**QUERO ESQUECER...**" (pág. 37):

"Quero esquecer de mim e de você.
Esquecer que respiro, que o vento vem não sei de onde, que penso ser alguém.
Esquecer que estou aqui e tenho missão a cumprir e muitos quefazeres.
Esquecer que o mundo existe e estou dentro dele ou à sua margem.
Esquecer que esqueci.
Esquecer que tudo acabou.
Esquecer de me lembrar.
Lembrar sempre de esquecer."

Diverte-se tentando acelerar ou desacelerar o tempo, como em "**O TEMPO NÃO PASSA**" (pág. 38):

"Esqueço os ponteiros do antigo relógio, esqueço que se contam dias e horas.
Todo desejo agora é que o tempo não passe, que a vida não passe.
Deixo-me saboreá-los sem sofreguidão, sem nenhuma pressa, lentamente, pacientemente.
Puro deleite. Curtição.
Nesse momento, tudo que quero é todo o tempo, por muito tempo."

Tece considerações sobre o presente, ora o tempo presente, ora uma dádiva, em "**O TEMPO A PASSAR**" (pág. 41):

"O presente é o beijo que o surpreende, o abraço que se dá, o amor à primeira vista...
Presente é o olhar que queima seu coração e lhe enrubesce a face.
É a cor morena que encanta e o loiro que o deixa embevecido.

Pode ser a dor fulminante ou o convite ao amor... a lágrima que cai, o grito de socorro, o pulsar do coração."

Narra uma doce rendição, em "**RENDIÇÃO**" (pág. 49):

"Busca um raciocínio lógico, mas a paixão traz, abruptamente, uma antítese implacável.

Rende-se, sem sentir. Você não resiste. Apita o final do jogo. Entrega os pontos. Joga a toalha, não sem antes chutar o balde."

Reflete sobre exposições dolorosas, em "**EXPOSIÇÃO INTERIOR**" (pág. 59):

"Deram-me uma versão fragmentada, cacos de espelho, desajuste, singularidade indesejada.

Desenharam e pintaram novas telas e gravaram vozes que eu não quisera escutar, pois a verdade dói e o negror intenso dava-se em meu íntimo, em meu âmago.

Revelaram o que me passava despercebido a respeito de mim e de meu insosso e iludido viver.

Fui vista num espelho de dupla face."

Conta em minúcias um doce encontro, em "**O ENCONTRO**" (pág. 65):

"Em meio a flores verdes e lago azul, encontro você.

Nuvens em plumas o escondem. Deixo que passem e o encontro.

Em meio à música suave e sonolenta, sonolenta e suave, em suaves lentos lamentos, acho você.

Onde estou, está você.

Não deixo que se vá.

Ponho-me a meditar, a cochilar, a sonhar e o encontro em meus sonhos."

Enfim, para não me alongar muito neste prefácio, deixo-lhe a feliz incumbência de ler por completo essas fluentes histórias de Orlanda sobre a vida, a escola, a família (pai, irmãos, marido e filhas), a profissão, a Natureza, os acontecimentos que frequentam os jornais e os programas jornalísticos, os devaneios, os casos engraçados...

Pois em suas mãos, ao ler este livro, depositam-se tantas lindas memórias, histórias de vida e reflexões, além de belos poemas cheios de magia, lirismo e inquietude, desta esplêndida escritora madura e singular, que extrai de sua trajetória de vida textos saborosos e perenes, que se derramam de nossos olhos e mentes, desejando ao final que venham de suas mãos ainda muitos outros livros maiúsculos como este.

Goiânia, Março/2023

Marcos Avelino Martins

* Engenheiro por formação, desenvolvedor de Sistemas de Informação por escolha, poeta por destino, autor de mais de 120 livros de Poesia (já com mais de 4.300 poemas publicados) e um de contos e crônicas, atualmente escrevendo seu 1º romance

PARTE 1

DE ESPERANÇA

Vivo de esperança.
Ando sob o sol, de cabeça erguida e as sombras ficam para trás.
Creio sempre em dias melhores: tudo já passou, o pior já aconteceu, etapa vencida, página virada.
O otimismo não me deixa viver de passado.
Aguardo e vejo o amanhecer com um sorriso.
Sei que o sol da tarde não virá para queimar.
A noite descerá sonolenta e os sonhos virão cheios de festa, música emocionante e encontrarei belas companhias.
Acredito num novo mundo, em que todos serão libertos e não haverá trabalho escravo nem amor escravo.
Acredito que realizar desejos é questão de tempo e fé.
A magia dos sonhos vai fazê-los concretos.
As pedras do caminho não as atiro em ninguém: junto-as, para reconstruir minhas fantasias em castelos.
Não quero chorar, porque as lágrimas podem eclipsar o céu, impedindo-me de ver as estrelas.
Quero sempre acreditar em minhas forças, resistência e resiliência, a fim de não ficar na encruzilhada nem no meio do caminho.
Almejo atingir o fim e sei que ele não prescinde da confiança em meu poder de derrotar as derrotas, de suportar as dores, de afastar os empecilhos.
Ouso crer em mim mesma, com virtudes e defeitos, medos, fantasmas e conjeturas, perseguindo com atrevimento minha ânsia de vencer, de fazer a diferença num universo repleto de mesmice.
Quero sempre lembrar, não que as rosas têm espinhos, mas que entre espinhos há rosas e que há flores do pântano.
Vou tentar ser feliz, mesmo que erre em minhas escolhas.
Pretendo aceitar o amor, antes que se canse e me deixe a ver navios.

A vida é curta para alguns, longa demais para outros e de duração razoável para quem vive a esperançar, enfim, encantar-se entre devaneios e ilusões.
Não posso e não quero ser uma vela de saudade e de vaidade a se queimar e se consumir.
Sou apaixonada pela vida, pelos problemas solucionados, pelas decepções que me levaram a recomeçar e acreditar em minha própria energia, inteligência e capacidade de discernimento.
Amo a vida pela vida, pela inspiração, pela construção, desconstrução e reconstrução, amores achados e perdidos, suspiros de saudades.
Amo-a pelo otimismo, pela fé e esperança, que não deixo passar sede nem fome.
Como preleciona Cora Coralina, que ora parafraseio:
O que vale na vida não é o ponto de partida e sim a caminhada.
Caminhando e semeando, no fim terei o que colher.

https://youtu.be/98wmagRQZBM

EM SINTONIA

Nossos movimentos entram em sintonia com a música.
Nossos lábios se harmonizam.
Completamos as frases de galanteio um do outro.
Somos uma estação de rádio bem sintonizada.
Ouvimos nitidamente os sussurros mútuos.
Dialogamos em suaves tons.
Também trocamos ideias e afagos em meio ao silêncio.
Pomo-nos a falar com as águas que correm mansamente... com as rosas a se abrirem...
O canto do pássaro preto soa tão dócil.
Somos cumplicidade e reciprocidade.
Sem dilema. Sem problema.
A poesia emerge de nossos corações.
O pôr do sol, em raios que se vão longe, traz a noite romântica e sensual.
Estou unida a mim mesma, compreendendo-me e ao universo.
Convenço-me de que estou completa, aceitando-me em minha pele e ossos.
Embebo-me no amor. Inteiramente em sintonia com a vida.

SINCRONIA

Sincronizo-me ao meu coração.
Acolho seus desejos e sonhos.
Abraços e beijos.
Experimento o transe da felicidade.
Amo e sou amada.
Vejo glória em todas as manhãs.
Brilham as tardes, mesmo que anuviadas.
A noite cheia de estrelas refulge dentro de mim.
A madrugada traz cantigas de galo que me acordam para uma nova aurora.
O sol vem mais reluzente ou sua luz de sempre, eu talvez não haja notado antes.
Flores e crianças sorriem a desabrochar em pétalas e doçura.
Uno-me a idosos e adolescentes e somos apenasmente infância.
Todas as cores fundem-se na brancura da paz.
Tudo é paz e a paz se derrama em meu coração, abertamente sincronizado.

SOLUÇÃO

O mundo está conturbado.
A Psicologia resolve.
A Psiquiatria resolve.
A Psicanálise resolve.
Crossfit. Pilates. Fórmula 1. Bateria. Bariátrica. Fisioterapia.
Cruzeiro naval...
Levantam-se e derrubam-se muros.
Barreiras são tiradas.
Laços se desatam.
Mentes se abrem, enquanto almas se fecham.
Rogam-se pragas.
Pede-se perdão, tardiamente.
O tempo resolve.
Você resolve.
Você se resolve.
Nada resolve.
A turvação continua.
Ninguém mais quer repensar extravagâncias, escândalos, violência e sinais do Reino.
Acostuma-se com o mal. O desequilíbrio se sobrepõe e domina.
Não se encontra a chave. Porta cerrada.
O espelho baço do tempo reflete indiferença.
O instintivo e desarrazoado passa a confundir-se com o bem.
Revolta-se o homem ou adere ao comodismo e desfaçatez.
Busca, às vezes, uma solução.
Dizem que sempre haverá problemas.
Que todo problema tem solução.
Que nenhuma solução é perfeita.
Todos querem pessoas bem resolvidas.
E você não sabe o que quer.
Sabe, talvez, o que não quer, mas não expõe nem se expõe.

Trava uma luta interior.
Revolve o passado de lembranças remotas e foscas.
Deixa que se lhe abale o estado de espírito.
Alquebrado, sem ânimo, vive e se contenta com restos.
Sobrevive. Perturbado.
O quebranto toma conta desse ser. Arrasa-o.
O silêncio traz à tona a vida mal resolvida, as opções insensatas, as escolhas impetuosas.
Fica numa gangorra.
Você é conturbado. Está no meio da ponte e busca algo ou alguém para decidir.
A resposta não vem. A porta continua fechada.
Você culpa o mundo. A solução pode estar dentro de você.

BODAS DE OURO

A Igreja Matriz vê-se engalanada, florida de palmas, lírios e rosas brancas, vibrante e festiva.
Centenas de convidados, elegantemente vestidos aguardam, ansiosos, a entrada da noiva do dia, para o Casamento do Ano.
O noivo, levado ao altar pela mãe, espera nervoso a amada, com quem passará a dividir a vida.
E vem ela, toda em neve e face rosada, lindíssima, de véu e grinalda, pelos braços do pai.
Vai ressoando a marcha nupcial, a enternecer todos os corações, arrebatados de emoção.
A noiva despede-se do pai, que lhe beija a fronte, abraçam-se e a entrega ao noivo.
Do meio da nave, alcançam o altar, de onde partem para a vida a dois, rumo ao futuro, presente nesse dia de sol que já dura cinquenta anos.
A magnífica e abençoada união é consagrada perante o Céu e a sociedade, nessa remota noite de esplendor.
Juntos, assim, até que a morte os separe, prometem fidelidade, amor e respeito mútuo, na alegria e na tristeza, na saúde e na doença, todos os dias de sua vida.
Dão-se as mãos e seguem, tomados do mais profundo sentimento de felicidade, à recepção comemorativa do sonhado matrimônio, que tornou a ambas uma só família.
Hoje, decorrido meio século, revivem o louvado dia.
Voltam no tempo e relembram a inesquecível data, com seus padrinhos de casamento.
O casal outra vez está aqui, sempre de braços dados e sempre rodeado de familiares e amigos, voltando à ilha do amor onde passaram a lua de mel.
Hoje é a bela renovação da magnânima cerimônia religiosa há tanto tempo ocorrida, trazendo a renovação das promessas feitas no altar e que, ao longo de meio século, vêm cumprindo

com imenso amor, resignação e responsabilidade.
Hoje, sim, agraciados pelos filhos e os queridíssimos netos.
Dos amigos e parentes que assistiram ao casamento há cinquenta anos, muitos têm o privilégio e a graça de participar da renovação do banquete nupcial, sorvendo o melhor vinho das Bodas de Caná. O casal adorna-se com o metal precioso símbolo das bodas hoje comemoradas.
A cidade marítima, sempre bela, saúda o jovem casal que recebeu há uns 600 meses ou aproximados 18.000 dias, em lua de mel, e os aplaude e abençoa, grata por esse retorno.
As telas que passaram à ornamentação de seu lar são obra das mãos da esposa e continuarão colorindo muitas casas por todo o tempo.
As flores que cultiva se abrirão sempre em suave perfume.
As atividades agropecuárias da família estarão presentes na vastidão da terra roxa onde são produtores/criadores.
Nosso desejo é que se mantenham resistentes às intempéries da vida, derrotando e transpondo obstáculos, sempre na simplicidade, espírito generoso e paciência que são sua marca de
personalidade e orientação familiar.
De todos os que tanto os amamos, recebam agora os parabéns e votos de que continuem prósperos e bem aventurados, no seio da honrada família que constituíram.
Parabéns ao casal, com merecidos aplausos e beijos da família e amigos 👏👏👏🍾🥂🥂🥂🕊🙌🙌🙌💥🎶🎵🎸

CAMINHAR É PRECISO

- A vida o espera.
Ah! Que engano!
A vida não espera ninguém.
Vai passando.
Segure-a, se puder. Agarre-a.
Prenda-a por entre os dedos, sem apertá-los.
Não abra mão de sua chance.
Não feche seu coração ao momento que chega.
Pode não vir outro, pelo menos tão arrebatador.
Um instante de emoção.
Um instante de abraço apertado.
Instantes inesquecíveis de arroubos, de encantamento.
Segundos viram minutos, que viram horas.
Não deixe perderem-se as horas.
Juntam-se e formam um dia.
Um dia que passa e passou.
Um ano que se foi. Outro e outro...
Você a esperar pela vida, que não espera...
É célere, apressada, escassa e esvai-se, desaparecendo no horizonte trevoso para sua curta visão.
Você à espera de dias melhores que não conquistou e que não se fazem sem um impulso.
Dê o primeiro passo... o segundo...o terceiro...
Caminhe feito uma criança que aprendeu a andar. Não fique parado nem a andar de um lado para outro, sem sentido.
A encruzilhada pede uma direção a tomar. Cabe somente ao caminheiro decidir.
Acenda sua luz, comece a ver e a enxergar.
Levante os pés. Levante a cabeça.
Não irá, certamente, tornar-se aquele crustáceo que anda de ré.
O mundo, sim, o espera. Seja presença.

A estrada pode ser tortuosa, o sol inclemente, muitas pedras de tropeço.
Mas alegrias e sonhos, dias jubilosos e frestas de felicidade, sombra e água fresca também o aguardam.
Olhe onde pisa e volte a olhar para cima. Vá em frente. Não retroceda. Ande! Avance!
Caminhar é preciso. De cabeça erguida.

MÚSICA E MAIS MÚSICA

A música me fez. Fez-me apaixonar.
Abriu-me o coração. Penetrou-o.
Entranhou-se no mais recôndito da alma.
O som da água corrente, na bica, embalou-me no ventre materno.
Acolheu-me um lindo dia de primavera, ao nascer do sol.
Pássaros cantavam a me saudar.
Meus pais, certamente, sorriam e já me chamavam pelo nome, bem antes escolhido.
Ouvi sons da natureza e cantigas de fiandeiras.
Conheci tear, máquina manual de costura, máquina de ralar mandioca, moinho, ferro a brasa, torrador, fogo crepitando, forno de barro, colher de pau, arado, trator, animais domésticos e selvagens. Tudo e todos emitiam sons que me emocionavam, deixando-me no mundo da lua. Na retina ficou o carro de boi e, no coração, seu monótono canto, que chegava a assobiar nas curvas.
Na zona rural da infância, os sons eram mais sonoros e enternecentes.
Na cidade havia carros de som, amplificador, cinema... Tudo que eu não conhecia, até rádio.
Ah! Também conheci professora brava, cuja voz não tinha som, pois gritava. Emitia ruídos. Que lembrança, meu Deus!
O primeiro filme a que assisti era barulhento, imagens rápidas, tudo em preto e branco, não entendi patavina. Saí daquela sala muito assustada! Que coisa é essa... ensurdecedora???
Ter bicicleta era o maior luxo! Pedalava com os cabelos ao vento, mãos fora do guidom, abanando, um irmão na garupa...Havia vozes aplaudindo...A galera se levantava e batia palmas, que ecoavam alegria e massageavam o ego da artista!
Vieram as fanfarras da adolescência, em sons vibrantes, a despertar o senso de patriotismo. Os desfiles escolares, cheios

de trajes típicos, uniformes de gala, civismo, entusiasmo, bandas de música, bandeiras, porta-bandeiras, Hino Nacional com a mão no peito... OUVIRAM DO IPIRANGA♫♪🎷🎻 🎺🥁

Mais tarde, as festinhas em casas de amigos, com MPB, ponche e cuba libre.

Outro dia e vêm os bailes, engalanados, emperiquitados, boleros, samba, valsas, traje quase a rigor, muita gente reparadeira, a sempre-viva fofoca. Pintava até um tango e muita música internacional.

Meias finas, sapatos de salto, roupas chiques e variadas (coitada da que repetisse roupa domingueira!); rapazes bonitos, *black tie* (senão era moleque!). Mesas caras e de pista, que eram as requisitadas. Só os homens pagavam a conta.

A música fervia nos salões, nos clubes e nas veias.

Tudo era juventude, que nem sempre é sinônimo de pura felicidade.

Músicas românticas passavam, tantas vezes, a cair nas vitrolas, em *long play* de pranto, de frustração, de desilusões.

A entrada no cinema parecia ou era mesmo um desfile de moda e penteados... As músicas, sim, Tema de Lara, A Ponte do Rio Kwai, Gata em Teto de Zinco Quente, Dr. Jivago, Casablanca, Orfeu de Carnaval, a felicidade... Zorba, o Grego...Canção para Ana, Love Story... Tema da Borboleta e até Mazzaropi!!!

Depois, bem depois, marcha nupcial ou vestir um hábito, ao som de Ave Maria no Morro... Ouvir Esmeralda... Tristeza Não Tem Fim... Música do "assovio" - faroeste ...Can't stop lovin' you...Moon River... Beatles... Strauss... Tchaikovsky... Beethoven... André Rieu...

Talvez ficar para titia, não sem antes aprender piano e ser Normalista!

A música encantava especialmente nas belas serestas ao luar... Tão românticas! Quanta sensibilidade! Os violões cantavam e até choravam. As donzelas ouviam inebriadas.

Música fúnebre? Nem pensar! A juventude não acabaria... Tudo era regozijo, muita risada, bom humor e deslumbramento.
A música a permear a vida, em todos os tons, em todas as circunstâncias, retinindo os blem, blem, blem dos sinos de todos os tempos... nos tum...tum...tum dos corações maravilhados, embevecidos.
...Porque "Um sonho a mais não faz mal"! ♪♫🎼🎸🎻

APELIDOS E MAIS APELIDOS

Nas famílias campesinas e cidades interioranas, é comum dar apelidos pelos quais as pessoas ficam conhecidas e não raro os acrescentam aos sobrenomes, como se deu com Maguito, Lula, ambos políticos, por sinal.
Têm origem na profissão, no tipo físico, nas gozações de colegas, na personalidade ou características mais marcantes da pessoa e até marcados por defeitos físicos: Deusa do Asfalto, Magrelo, Zé Feio, Criolo, D. Xepa, Boró, Caolho, Mineiro, Alemão, Zoró, Varapau, Baixinho, Rainha do Nilo, Casca de Pereba...
Às vezes, o apelido decorre de um acontecimento traumático e o apelidado parte para a briga ao ser chamado pelo codinome.
Outras vezes, é um diminutivo carinhoso do nome: Luizinha, Neso,Tiãozinho (1,90m), Landinha, Aninha, Calico, Lazim, Tenorinho, Carmela, Joãozeiro (inventado pelo próprio), Tamarinho ... sem sair da família (!).
Hodiernamente, dá-se a derivação regressiva dos nomes próprios: Pat, Fred, Poli, Bani, Ju, Juju, Du, Duda, Cida, Ger, Gal, Ral, Bia, Cléo, Rose, Susy, Fran, Jô, Cris, Nat, Riva, Dori, Carol.. a lista é meramente exemplificativa. Sem falar em Berzonte, uai!
A criatividade não tem limites.
Apelidos famosos correm o mundo: Pelé, Jô Soares, Garrincha, Didi, Zaca, Dedé, Xuxa, Mussum, Felipão, O Aleijadinho...
Em nossa família de doze irmãos, quase todos fomos cognominados de animais com que decerto parecíamos: Caxinguelê, Cobra Caninana, Besouro, Galo, Garrincha, Caburé, Peixinho, Grilo, Galinho, Coruja... E ainda: Cacique, Pajé, Zé Arbino, Mita, Canela de Véio, Mariinha, Fefê. Algum azarado ganhou até mais de um apelido e algum privilegiado ou zebra, nenhum...

Certos apelidos são muito engraçados: Maria Buzina, Zé Tabaco, Zé Pezão, Zé Trovão, Tampico, Zé Bigode, Pirulito, Palito, Docinho de Coco, Sabonete, Branquela, Topete, O Gordo, O Magro, Maria Fumaça, Boca de Lobo, Miss Tabaco, Maria Taquara (Cuiabá), Furacão, Patrola, Peroba, Coqueiro, Pé Limpo, Baleia, Botijão de Gás, Azarão, Alecrim Dourado, Arroz doce de festa, Papangu...

As alcunhas que ferem podem vir de espírito vingativo ou até de inveja. Viram xingamentos, principalmente em período eleitoral. Cheguem pra lá!

A antonomásia é bem-vinda: O Fenômeno, A Dama de Ferro, O Filho de Deus, O Rei do Gado, O Rei do Cangaço, O Redentor, Romeu, Repórter de Canudos, O Águia de Haia, O Engenheiro da Palavra, O Apóstolo dos Gentios, O Poeta dos Escravos, Nossa Senhora dos Pobres, Colúmbia (nome poético de Washington).

E não esqueçamos esse Mundão Véio sem Porteira!

TODAS AS ESTAÇÕES

Sou criança.
Brinco, obedeço, desobedeço, faço pequenos serviços, vou à escola, faço toda tarefa, decoro verbos e tabuada. Faço casinha, acendo fogo, cozinho arroz. Sou a doente e meus irmãozinhos, os médicos.
Nem cresci, mas sou adolescente. A vida tem de mudar e continuo criança.
Não sei de namoricos. Sigo na brincadeira.
É uma gostosura a infância e fico nela.
Ah! Meu Deus! Fizeram-me adulta, de repente.
Já sou chamada de Senhora e só tenho dezesseis anos!
Acordei em outra fase, inesperadamente. Agora, sou professora. Crianças e adolescentes como eu me obedecem. Escrevo no quadro-giz e converso com eles. Aprendo e ensino. A Diretora da escola é uma freira rigorosa, chamada de Madre. Não a temo. Sou rebelde. Não temo demissão. Mantenho disciplina e sou respeitada. Sinto que minhas faces enrubescem quando me chamam Senhora e D. Orlanda.
Depois, diz uma ginasiana, durante uma aula de Português:
- D. Orlanda, suas pernas estão arrepiadas!
É que a saia era acima dos joelhos e eu me emocionava ao ministrar uma simples aula.
Cresci. Não amadureci o suficiente.
Mudei de carreira mais de uma vez. Magistério, Ministério Público, Magistratura.
Sou eterna aprendiz da vida e vou ao sol poente sem saber nada.

SILÊNCIO EXTEMPORÂNEO

Calei-me, quando, talvez, precisasse falar.
Minh'alma gritava e eu em silêncio.
Esperava a voz do outro, que até perguntava, mas sutilmente...
E não ouvia resposta.
Voz abafada. Imperava a mudez.
Nem sussurros. Nenhum cochicho. Sensação de insegurança.
Disfarce. Inexpressividade.
Sem interação. Emoções camufladas.
Um silêncio intrigante e sem sentido.
Estive com a palavra e não disse um A.
Não significava consentir. Era uma omissão inconsciente, um medo inconsciente de não ser compreendida ou ser mal interpretada.
Queria somente ouvir o que gostaria que fosse expresso, para confirmar.
Prevaleceu o que não foi dito. Nenhum dos dois manifestou o que preencheria aqueles jovens corações, tão cheios e tão vazios.
Que encontro entediante, insosso...
Reprimiram-se os sentimentos.
Represou-se a emotividade pelo mutismo.
Fluiu o tempo, que vem e passa... Correu a vida.
A boca fechada, fechada ficou. Não se abriu para um beijo apaixonado. Não houve confissão do amor irresistível, decerto a emanar das entranhas de cada um.
Sem manifestação do que se passava intimamente, retraíram-se ambos. Re-traição.
O silêncio nada disse.

ESPELHO, ESPELHO MEU...

O que eu digo e escrevo nem sempre é suficiente para refletir o que sinto.
Talvez eu seja um falso espelho.
Olho para mim mesma e não me vejo ou não me enxergo.
Escondo-me em mim, dentro de mim, atrás de mim e nas entrelinhas.
Recubro meus desejos com flores e sonhos, mas nem quero sonhar mais.
Acho que estou envelhecendo de vez.
Parei de falar sozinha... Ora, não tenho mais assunto comigo.
O silêncio do tempo silenciou minhas fantasias e a imagem espelhada está de cabeça para baixo. Ou eu é que estou invertida?
O espelho, espatifo-o, caso se atreva a mostrar minha realidade descorada, a face pálida, o rosto esquálido.
Temo que acabe mostrando meu coração esfacelado, a mente entorpecida, meu semblante de apatia, meus pedaços, afinal.
Sinto minha rota imagem. É a visão desoladora de um íntimo rompido, fragmentado.
Cada caquinho do famigerado espelho traz-me inteira, apesar de não me sentir mais assim.
A transubstanciação não ocorre. Sou um espectro. Farrapos.
Cabelos desgrenhados.
Estilhaços.
O espelho teima em me reconhecer.
Um de nós está embaçado.
Nem sei mais nada de minha aparência, o que, aliás, não me preocupa tanto assim...
Penso que ele fala a verdade, contrariamente ao que dizem de minha figura e fico entediada com ambos, pela incoerência entre imagem e palavras.

Não quero pentear-me nem fazer maquiagem à sua frente. Ele vê que perdi todo o brilho.
Calo-me e me afasto, angustiada, vazia.
Esse não é meu espelho.
Não vou juntar cacos.

FLORES DE IPÊ

A roxidão do ipê roxeia a grama da praça.
O vinho roxeia o cálice.
A alma embebe-se no roxo que colore a saudade.
Nada a impede, todavia, de sorrir.
O sol ilumina todo o roxo e ele se vai metamorfoseando em claridade arroxeada.
À sombra de grandes árvores, banquinhos acolhem idosos a trocarem um dedo de prosa.
Reina alegria no ambiente do dia de descanso.
O agosto se faz cheio de gosto e imensa beleza de cachos no inverno primaveril.
Ciclistas atravessam a via a eles reservada e seguem com os tradicionais bonés.
As ruas ganham veículos multicoloridos em alta velocidade ou passeando vagarosamente.
Imperam a graça domingueira e as pétalas roxas do ipê, jorrando tinta de amor nas telas da vida.

ILHADA

Arredia, recolhida, introspectiva e um tanto apaixonada, quero adaptar-me a um isolamento premeditado.
Emerge a ideia de uma ilha remota, para experimentar a solidão a dois, que embarcam imediatamente.
No meio do dia, muitos estão indo para lá.
Só alegria. Penso em voltar com ele, abraçadinhos, bem de tardezinha, após todos os outros.
Estou bem. O ambiente é leve. A maré continua mais ou menos suave.
Sobrevém um lusco-fusco, mas tudo me parece normal até então. Não sinto medo.
Ele também aparenta-se ameno e feliz.
A tarde, porém, está descendo sobre o mar, alto mar.
De repente, as águas que cercam a terra começam a subir e não demora podem alcançá-la.
Todos pegam suas embarcações e voltam ao continente.
Apesar disto, minha sensação é de êxtase, por alcançar meu objetivo na calmaria. Não reparo que saem quase ao mesmo tempo, apressadamente. Sabem a hora em que a Natureza se rebela e não perdoa os incautos.
Vejo as mudanças fenomenais e começo a ter arrepios. Estou só, a dois.
Vou fugindo para o meio da ilha e quero encontrar AGORA algum meio de sair dessa. Já nem sei se penso nele, se nos abraçamos, se estamos agarrados, lutando sem armas.
Há um arbusto ali, outros e outros e grandes árvores. Um deles pode me livrar da tragédia anunciada.
As ondas escurecem, estão cada vez mais revoltas, enfurecidas, como a se vingar do temerário projeto.
Cai uma tempestade inesperada.
Pelejo pra avistar ao menos um barquinho e gritar SOS! HELP!

Grito e ninguém me ouve. Não tenho um lenço para abanar. Não há tábua de salvação. O temporal amedronta. Vem inclemente. O vento bate em todas as direções com violência. O barulho das ondas agitadas abafa os pedidos de socorro. A voz é rouca e se embarga. Desespero e pânico tomam conta de nós ambos.

Levanto as mãos e em vão brado, revoltada: SOCORROOO! SOCOOOORRO!!! Senhor DEUS dos desgraçados, onde estás que não respondes???

Chego ao topo de uma árvore solitária, único ser que se solidariza comigo e também sente pavor e treme, nesse momento de turbulência.

As águas atingem toda a ilha, na maior braveza, arrancando tudo.

O mundo é todo noite. A ilha vê-se inundar, em segundos.

Estou na ilha que desaparece. Sou a própria ilha a que me integro e que se desintegra.

A experiência de quase morte se faz morte para o romântico par.

Não sei se meu corpo e o do companheiro de aventura foram resgatados por mergulhadores ou se boiaram e foram encontrados muito sujos depois.

Podem haver sido jogados na praia e cobertos de folhas secas de coqueiros.

Parece que alguém os removeu, lavou-os e os levou para velórios. Recobriram-nos de rosas brancas, em salas separadas. Houve pranto em chuva de lágrimas. Pêsames, abraços, lamento silencioso, preces, palavras de conforto às famílias, também isoladas. Cânticos fúnebres e mesmo de louvor em acordes de Ressurreição e Glória ouvem-se aqui e lá.

De ilhada, muito só, a dois, estou rodeada de coroas de flores e gente que chora.

Daqui a pouco serei engavetada ou cremada. Ossos. Punhado de cinzas numa caixa de fósforo.

A MELHOR IDADE – O IDOSO FALA

De graves males acometido,
Com eles a conviver, vencido.
Nada de cervinha, caipirinha.
Só mesmo feijão de corda...
O mais "é ilegal, imoral ou engorda".

Academia. Fisioterapia.
Pilates e outros quilates,
Psicólogo, massagistas,
Médicos mil especialistas.

A casa vira drogaria.
Remédio pra todo lado.
Cápsulas, cremes, alquimia.
Um trem desgovernado.

Repetem os mesmos "causos",
Que ninguém aguenta mais.
Eram jovens, só aplausos,
Na velhice, "condor" e aiisss!

Eram enérgicos, bravos, até valentes.
Sósias de atores, atrizes e equivalentes.
Em velhice nem pensavam.
Com a eterna juventude contavam...
Aff! Velhice é uma chatice!

A MELHOR IDADE – QUEM DIRIA?

Velho não têm "voz ativa".
Todos querem nele mandar.
Vai ficando tão calado...
Prefere silêncio e paz.
Pleno de vivência e saudosismo,
Releva angústias e ansiedade.
Melhor hoje curtir a família,
Os sonhos que tiver ainda.
Crochê, terço, chá das 5, baralho.
De pijama e chinelos, vendo pirilampos.
Aos novos o trabalho.
A ele, vida mansa, no campo.
Outros em *tour*, mundo afora,
De janeiro a janeiro.
Paisagens, museus, catedrais.
De perto ou longínquas paragens.
Sem crises de adolescência.
Sem crise existencial.
Sem culpas nem incertezas,
Longevidade é clemência.
E viva a melhor idade.
De médicos e bengala,
De bem com a vida.
Sem irritação. Sem tristeza.
TV, iPhone, WhatsApp, grupos. YouTube, Live, blog.
Mais lembranças. Menos Esperança.
A MELHOR IDADE! E VIVA A VIDA!!!

CARTA ROGATÓRIA

Boa noite, querida.
Como vai a menina de olhos cor de mel?
Na falta de um telefonema, de mensagens, por seus bloqueios de minha entrada em sua vida, resolvo mandar-lhe essa cartinha "Via aérea Par avion", registrada com A. R., para lembrá-la o que deixou cair no carro, ao descer e sair disparada, na iminência de sofrer um atropelamento e sem dar-me sequer um tchau.
Minha boca secou sem seus beijos... Meu coração se fechou, meu abraço não teve mais como abraçá-la.
Aquela noite veio num som nostálgico de despedida sem adeus.
Fiquei só, desolado, culpando-me por sua louca saída, com ódio de haver encontrado, por acaso, quem pode não ter sido um acaso.
Recordo os momentos de amor vividos, os sonhos e desejos realizados, em contraponto à sem graça monotonia da solidão.
Sei que depois você chorou, lamentou, rebelou-se e até se indignou consigo mesma e com o mundo. As lágrimas já podem haver secado, o coração a abrir-se morosamente, algo a renascer, talvez hoje, em seu íntimo.
Eu, porém, não consigo refazer-me.
O arrependimento de minha leviandade, de meu lado inseguro e indeciso, ávido de novidades retardatárias de adolescente não me deixam em paz. Sinto angústia e ansiedade.
Prossigo jogando setas, na persecução de meu objeto de desejo e quando o acerto, acho que ainda não é aquele e vou atirando novas setas, em novas aventuras.
Foi assim que a perdi.
Agora, rogo-lhe perdão.
Quero entregar-lhe aqueles brincos de fantasia, dar-lhe uma joia e pôr uma rosa em seus cabelos longos, ruivos, levemente

cacheados... beijá-la apaixonadamente e dizer-lhe que meu amor por você ainda é uma chama que não se apaga.
Não sei onde estou nem que dia é hoje.

Ass.: Seu bem-querer.
Um selinho

QUERO ESQUECER...

Quero esquecer de mim e de você.
Esquecer que respiro, que o vento vem não sei de onde, que penso ser alguém.
Esquecer que estou aqui e tenho missão a cumprir e muitos quefazeres.
Esquecer que o mundo existe e estou dentro dele ou à sua margem.
Esquecer que esqueci.
Esquecer que tudo acabou.
Esquecer de me lembrar.
Lembrar sempre de esquecer.
Esquecer que a vida passa, que tudo passa, que o cometa Halley passa de 76 em 76 anos...
Que a vida continua, apesar das perdas, quedas e disfarces.
Que você não faz falta ao mundo, que existe sem você e sequer sabe se alguém já foi ou é deste planeta...
Quero deslembrar memórias recentes e remotas...
Não quero memorizar nada e esquecer o que decorei, contar com um apagador de sentimentos, uma borracha ou uma pá de cal.
Sei que posso deletar tudo num clique e algo, ainda assim, permanecerá em minha mente.
Amnésia total é o que espero.
Nada de recordações de passado nem de presente.
Nada de eletrodos... Que sobrevenha um curto-circuito.
Nada sincronizado.
Olvidar tudo é a palavra de ordem.

O TEMPO NÃO PASSA

Estou com pressa, não sei o porquê.
Nem sei o que procuro às pressas.
Sem o que buscar, olho as horas.
Ficam lentas, preguiçosas...
O tom maravilhoso do carrilhão ressoa monótono, uniforme, cansativo...
O relógio fica inútil e menosprezado, num canto da sala.
Consulto o sol.
Está parado, estático e eu querendo que gire.
A Terra também parou?
Preciso de um passatempo, em tempo.
O jornal é o mesmo do mesmo.
Num instante, que afinal passou, já olho a vida com outros olhos.
Há beleza, cores e amores no espaço.
Já saí das quatro paredes.
Sinto-me livre e leve. Manhã fresquinha, à sombra de uma frondosa árvore, pombinhos saltitantes, coqueiros ao vento, música ao longe saudando o dia.
Deito os pés na água corrente, aquieto-me, viro paz e sonhos...
Esqueço os ponteiros do antigo relógio, esqueço que se contam dias e horas.
Todo desejo agora é que o tempo não passe, que a vida não passe.
Deixo-me saboreá-los sem sofreguidão, sem nenhuma pressa, lentamente, pacientemente.
Puro deleite. Curtição.
Nesse momento, tudo que quero é todo o tempo, por muito tempo.

O ANO PASSOU

Enfim...
Chega ao fim.
Trouxe lágrimas, perdas, sim.
A pandemia continuou mas a sublimamos .
Absorvemos lágrimas e perdas.
A vida continua. Segue o baile.
Nada te impede de ser feliz.
O 31 chegou, cheio de sol. Se chover, também, o que é que tem?
O mundo vibra e vive, mesmo e apesar das intempéries.
Veículos vão e vêm, aviões decolam e aterrissam.
Navios em Cruzeiros seguem.
O mundo quer mudanças e vem somente um novo calendário.
Se queres mudanças, muda-te primeiro.
Pesquisa-te. Faze uma enquete. Esquadrinha-te.
Muda de vida.
O mundo não vai mudar por conta de teus anseios.
Busca-os... Persegue-os.
Luta. Combate. Persevera.
Retira as pedras do caminho.
Afasta os amigos falsos.
Vive cada dia como se fosse o último e enfrenta o dia a dia como se fosse o primeiro.
Mostra ânsia de crescer. Supera os obstáculos.
Arranca do coração o orgulho que resta e não te deixa lavar os pés do próximo.
Confronta-te.
Vive o 31 e espera o 1º.
Vive! Solta fogos de artifício. Grita. Levanta brindes.
Limpa toda poluição anímica. Aspira o pó da descrença.
Engole e digere as mágoas.
Colore tua mente.

Tem fé e esperança.

O TEMPO A PASSAR

Passaram-se dois minutos e já não sei o que aconteceu inda agora.
Duas horas e tudo ficou distante.
Dois dias e de nada me lembro daqueles ontens.
Dois anos, quanto tempo, um século...
Cantos cantados, contos vividos, sonhos sonhados, amores, fantasias...
Tudo já é passado. Vencido. Finalizado.
Vida por concluir. Figuras nas nuvens.
O presente é um segundo que você sorve, que você reflete ou que deixa escapar.
É a flor da manhã que murcha ao entardecer.
É o dormitar ao som de uma suave música.
O sorriso que os lábios abrem a outro sorriso.
O presente é o beijo que o surpreende, o abraço que se dá, o amor à primeira vista...
Presente é o olhar que queima seu coração e lhe enrubesce a face.
É a cor morena que encanta e o loiro que o deixa embevecido.
Pode ser a dor fulminante ou o convite ao amor... a lágrima que cai, o grito de socorro, o pulsar do coração.
Beijo na mão, estrela cadente, relâmpago.
Luz a se apagar... Apagão. Chão escorregadio. Afago do traidor.
Presente é almejar o futuro, que já é passado.
Presente é segurar uma gota de orvalho... É sentir paixão.
Presente é... prazer e magia.
É o encontro repentino de um velho amigo.
É a volta inesperada de um filho.
Presente é a presença do amado.
Presente é conceber.
Presente é ver as maravilhas de Deus a cada instante.

Quero conter o tempo.
Quero viver e compartilhar momentos.
Quisera multiplicá-los e dividi-los.
O presente é um grande presente.
Seja presença. Seja presente.

DOS ADVÉRBIOS FUNCIONAIS

Sim, efetivamente, há os advérbios de afirmação, de intensidade, de modo.
De dúvida, de negação, de lugar.
A lista, porém, é meramente exemplificativa e não "numerus clausus".
Achei o advérbio de insegurança: Todos estão distante de mim...
Advérbio de tristeza: Sinto-me à beira do abismo.
Advérbio de aversão: Tenho alergia a mesmice!
Advérbio de exclusão: Bloqueio nas redes sociais.
Advérbio de confinamento: COVID.
Advérbio de salário: O fim do mês não chega?!
Advérbio de susto: Nossinhora! Meu Deus!!!
Advérbio de conclusão: Sei que não me amas.
Advérbio de ansiedade: Que dia comprido!
Advérbio de curiosidade blasfêmica: Você tem quantos anos mesmo, mulher?
Advérbio de preguiça: Ai! Que canseira desse sofá!
Advérbio de gula: Nunca vi um bife tão grande...
Advérbio de mentira: Fala a verdade, meu!
Advérbio de velocidade: Minha cabeça tá a mil!
Advérbio de sonegação: Jamais deixei de pagar um imposto!
Advérbio de honradez: Sou a pessoa mais honesta do mundo!
Advérbio de pânico: Com a corda no pescoço.
Advérbio de raiva: ...Por aqui, com você!
Advérbio de ameaça: A gente ainda se encontra!
Advérbio de aquecimento global: Que temperatura doida! Aff!
Advérbio de depressão: Estou só e desiludida do mundo. O que faço da minha vida?
Advérbio sem compromisso: Em um relacionamento sério.
Advérbio de adrenalina: Vai! Passa por cima! Voa!

É um sem fim de advérbios, que sempre estão longe de sua função, deslocados nas circunstâncias, na Gramática e na Vida!

A DESPEDIDA

SIM. O clima de velório. O dia seco, triste, sol quente, muito quente. Muita luz. Não precisava luz de velas.
Mazelas... mas elas queimavam e exalavam um odor misturado ao cheiro de rosas e crisântemos.
Sabe aquele burburinho, em meio a lágrimas, abraços, "meus sentimentos"?
O livro de condolências aberto. Tudo o mais, fechado.
Homens e mulheres, formalmente vestidos.
Quanto terno preto! Até o daquele que se velava.
Coroas de flores, às dezenas, lírios, flores do campo, rosas vermelho-púrpura, brancas e mescladas de tristeza, menos as rosas negras, que desabrochavam tão-só no âmago da família enlutada.
Os abraços... abraços. A angústia... a viúva, a filha, os netos, os irmãos, pranto inconsolável.
Ninguém, talvez, quisesse ouvir o "seja forte".
As breves horas, lentas, a passar. Gente e mais gente chegando.
Aproximam-se do caixão fúnebre. Olham, desolados, aquele corpo inerte, mudo, com marcas de uma UTI. Luto. Acabou a luta pela vida. Pode ter perdido alguma batalha mas venceu a guerra. Dedicou a vida a serviço do bem, no seio da Justiça e da comunidade.
Adeus àquele homem enérgico, bravo, durão, Desembargador, Advogado, reserva moral de uma Corte de Justiça, que, na realidade, não passava de um sentimental, coração aberto.
O guerreiro vai ao merecido descanso, na licença prêmio da existência.
Restou-lhe um semblante sereno. Viveu pela família, consanguínea, afim e dos que amam o Direito e a Justiça.
Falou alto contra os que tentaram ou quiseram, talvez inconscientemente, enodoar o Judiciário. Não em busca de louvores mas da prevalência do Bem.

As homenagens da Maçonaria foram-lhe prestadas.
Orações feitas, com a mão em seu peito, que já repousava no Infinito.
O adeus, tão dolorido, tem justificativa na vida vibrante desse cacique da família.
O caixão se fecha. Seria o fim, não fosse a Fé na Ressurreição ou na Reencarnação.
As coroas, com saudações de pesar, iriam, daí a pouco, colorir a lápide, no jazigo do campanário jardim.
Para onde fora o austero, íntegro, probo, respeitável magistrado?
- Para onde DEUS foi servido. Com direito a morada digna, que lhe fora preparada desde a eternidade.
ADEUS!

DESFAZIMENTO DE IDEIAS

Subi depressa o morro e o desci vagarosamente.
Sonhei e o sonho acabou.
Escrevi e deletei.
Caí e me levantei.
Sorri e sobreveio lamento.
Inventei e não registrei patente.
Falei e desconversei.
Semeei, germinou, feneceu.
Plantei e não colhi.
Vim à tona e afundei outra vez.
O grito desapareceu no silêncio.
O iceberg bateu na rocha e ambos se quebraram.
A fonte em cascata desfez-se na correnteza.
O sol oriente desceu no avermelhado crepuscular.
Uma estrela reluziu, mas logo parou de piscar.
A lua cheia tornou-se minguante e a nova, crescente.
A Terra deu muitas voltas e parei no mesmo lugar.
Dancei e... dancei.
A mente quis refugiar-se na desmemória.
Removi arquivos, álbuns e alfarrábios.
Revirei baús de relembranças e guardei esquecimento.
Carreguei saudades, que foram caindo e se desmanchando nas trilhas daquela montanha íngreme.
Limpei o suor do rosto, sequei as lágrimas, tirei o luto.
Prossigo fazendo e desfazendo, enquanto busco a essência da vida.

UM GRANDE DESEJO

Quisera ser fonte de luz.
Ser luzes em profusão.
Transformar-me em efeitos especiais.
Colorir o mundo em arco-íris refulgente.
Dissipar trevas, clarear mentes.
Não permitir que o escuro suportasse meu clarão esplendoroso.
Sobreporem-se meus raios iluminados, afastando de vez as sombras da ignorância.
A vida ficaria psicodélica.
Minh'alma vibraria a dançar sob o sol e cantaria reluzindo em si mesma.
Sonhos viriam multicores, sonoros e brilhantes.
Quisera ser luz que não queima, sarça a arder.
Ser uma estrela a caminhar e que reluzisse, branqueasse, fugindo ao obscurantismo.
Nuances de patriotismo em verde e amarelo se espraiariam em mim, a ouvir, embevecida, o Hino Nacional.
Matizes de civismo dominariam todo meu ser, trêmulo de emoção.
Cores fortes e suaves, *dégradés*, entretons, meios-tons e todas as tonalidades vestir-me-iam da cabeça aos pés, em jogos de luz.

RENDIÇÃO

Seu olhar diz sim, a boca diz não.
O coração palpita, a mente se agita, o mundo vem com uma linguagem incompreensível.
A confusão se instala. Pensamentos contraditórios aparecem do nada.
Os argumentos sofismáticos se atrapalham, você já não sabe o que dizer.
Busca um raciocínio lógico, mas a paixão traz, abruptamente, uma antítese implacável.
Rende-se, sem sentir. Você não resiste. Apita o final do jogo.
Entrega os pontos. Joga a toalha, não sem antes chutar o balde.

https://youtu.be/7vjZC6YwVjs

MISSÃO CUMPRIDA

Um dos meus irmãos era mais obediente e fiel que os outros.
Quando a mãe lhe dava uma ordem/missão...
Missão dada, missão cumprida.
Custe o que custar.
Era de tardezinha, quando ela mandou o moleque comprar um molho de couve.
Simples. Na corrutela, havia couve em toda hortinha.
Mas, naquela tarde, parecia um castigo.
Zanzou! Zanzou, foi às vendinhas todas e nada.
Não voltaria sem a couve. A mãe era brava.
Resolveu descer por umas ruas que não conhecia. Foi até quase à beira do rio que margeava a cidadezinha.
- Decerto eu acho essa danada! Tenho de achar.
A noite já chegava. As luzes já estavam acendendo.
Deu com uma casa bonita, enfeitada de bandeirinhas e com uma luz vermelha na porta.
- Dona, a senhora tem couve pra vender?
- Tenho uns pezinhos. Vou te dar uns, menino!
- É bom, porque ai de mim se chegar lá em casa sem a couve! Minha mãe não vai acreditar que não achei. Vou levar uns tabefes!
Voltou feliz da vida, com as pratinhas e a couve, que ganhou lá na casa bonita!
Coitado, não sabia do terreno que pisava!

CANTIGA DE FANTASIA

Rosa branca
Rosa amarela
Flor no cabelo
Flor na janela
Onda mansa
Maré bravia
Moça bonita
Mente vazia

Música suave
Sons intensos
Noite calada
Deleite imenso
Lua cheia
Lua minguante
Homem leviano
Mulher intrigante

Tempo que fica
Tempo perdido
Ontem bem triste
Hoje vencido
Palmas louvores
Serra escalada
Lutas horrores
Guerra acabada.

Manhã amena

Dia de sol
Noite serena
Vermelho arrebol
Cachos de uva
Buquê de flores
Vida que segue
Mundo de amores

FOLHAS DE OUTONO

Folhas secas
Varridas pelo vento
Vida seca
Dia seco
Sol pouco luminoso
Clorofila abandonada
Lábios vermelhos e alaranjados
Coração ressequido
Amor perdido
Flores murchas
Sonhos frustrados
Ideias chochas
Mente oca
Saudade recente
Passado remoto
Alma trespassada
Andar fatigado
Passos cambaleantes
Vista cansada
Lembranças em cinzas
Fogo apagado
Humor variado
Sorriso fechado
Olhar de desejo
Fúteis recordações
Juventude em marcas do tempo
Sentimentos confusos
Misto de jovialidade e criancice

Esperanças sem o verde primavera/verão
Folhas de sete copas em profusão
Caídas no chão
Vento que leva as folhas de outono.

DIA DE COMEMORAR

Então. Acabo de completar 79 voltas ao redor do sol #2021.
Não precisei de nave espacial.
O sol encarregou-se de se fixar, para eu ficar segura.
Não quis eu girar ao redor de mim mesma.
Ao tentar, vi logo que não convinha.
Tomei muita esbarrada. Não havia espaço pra mais ninguém.
Resolvi abrir uma roda maior. Não fiquei sozinha. Entrei em outra órbita. Tantas crianças entraram nela e nos divertimos nas cirandas da vida, nas galáxias.
O sol nos aqueceu e vibramos cantando.
Ao meio dia, tudo era festa, doces músicas, belas serestas, elegantes bailes. Reuniões regadas a ponche, cuba libre, Beatles nas vitrolas.
Um cineminha, um namoradinho fiel, uns pais bravos...
Havia carnaval com lança-perfume e ninguém sofreu colapso cardíaco.
O vaivém era muito prestigiado.
A frequência à escola era certa. Não costumava perdoar gazeteiros. Bem que eu podia ter aprendido com meu "velho".
Havia formatura até de curso primário. Ginasiano era Bacharel...
Agora, o verão passou, o outono veio e ficou.
O inverno esfriou a mente e baixou a temperatura das emoções.
Primavera não é mais estação do ano. Passou a título de aniversário. Dizem que estou fazendo 79 primaveras...
As mensagens são cheias de votos de bênçãos, vida e saúde, alegrias em família, e até de poesia.
Sinto-me feliz. Muito abençoada.

Não importa mais a estação.
O outono está levando consigo as folhas secas dos desenganos.
Verdes folhas e flores de experiência, fé e gratidão
esparramam-se e recobrem-me de esperança.
Quero, ainda, concluir muitas voltas ao redor do sol.
Louvo a vida vivida e quero mais e mais vida.
Grata, meu Deus!

MEU ANIVERSÁRIO

Não é todo mundo que chega aos 80.
Causa um susto, embora passageiro.
Afinal, você espera por 79 anos, 11 meses e 30 dias. Aí vira octogenário, velho mesmo. Não valem eufemismos: melhor idade, terceira idade, idoso...
São 80 e ponto final. Não, vírgula, muita água ainda pode passar por debaixo da ponte. Só não pode é ficar preparando festa dos 90 ou do centenário. Muitos se iludem e começam a ensaiar a passagem do tempo que não é seu.
O SENHOR do Tempo e da Vida não lhe vai revelar tal dia.
Será surpreendido, por mais que diga não temer a morte.
O susto pode durar segundos para alguns. Outros vão definhando, definhando... morte lenta, dolorida, cheia de cama e cadeira de rodas.
Cuidadores, injeções, massagens, cirurgias, fisioterapia, banho de leito, unção dos enfermos...
Será que ainda vale a pena?
Ao redor, fazem orações, desejam plena recuperação, cura definitiva. Outros, quem sabe, almejem uma rápida travessia.
Quando chega a hora e da hora não passa, dizem chorosos: Descansou...
Pode ter descansado tantos a quem dava trabalho com as enfermidades e CID complexo.
Então, comemore e bebemore comigo, que chego aos 80 de pé, rodeada de felicitações em casa, nas rodas de amigos, nas redes sociais, a mesa adocicada de chocolates e leite condensado, música, flores, abraços e beijos, goiabada e queijo, que não poderia faltar, UAI!!!

Parabéns, Orlanda, que aos 80 ainda sabe contar seu dia octo, em 08 de october de 2022.
Distribuo beijos, líbero perdão e dou muitos Graças a Deus pela Vida, que tanto me premia, com tantos dias vividos e a viver, não sei.
Feliz aniversário, é o que sinto e esparramo, nesta data querida!

EXPOSIÇÃO INTERIOR

Busquei ocultar-me nas palavras e mostrei-me nas entrelinhas.
A cabana onde me refugiei era muito acanhada para tantas vivências.
Entrei na escuridão da noite e uma luz insistia em brilhar dentro de mim.
Tudo ficou muito claro. Não havia como me esconder de mim mesma. Frestas havia e o sol da vida perpassou o vidro de minh'alma.
Fiquei exposta como artigo de luxo em vitrine.
Passaram a olhar-me com olhos grandes, a julgar-me, de plano, tão feliz.
O vidro de minha janela, porém, contava com insulfilm 5G: do interior via-os e ouvia o que falavam à boca pequena, e, mesmo assim, minha aguçada audição o permitia.
Fui tomando consciência de minha estranheza e mediocridade na visão dos outros. Eles eram não só meus olhos que não enxergavam, mas também o ser que eu não pensava ser.
Verdadeiramente, expuseram-me a mim e a outrem, sob a imagem que fizeram.
Deram-me uma versão fragmentada, cacos de espelho, desajuste, singularidade indesejada.
Desenharam e pintaram novas telas e gravaram vozes que eu não quisera escutar, pois a verdade dói e o negror intenso dava-se em meu íntimo, em meu âmago.
Revelaram o que me passava despercebido a respeito de mim e de meu insosso e iludido viver.
Fui vista num espelho de dupla face.

A face do outro lado era insípida, incolor, disforme, patética, uma roupa do avesso. Teimei em não me reconhecer. Sentia-me boa conselheira, espírito elevado, com habilidades, correta e muito responsável... até empática, amorosa e benquista.

Era como se alguém lhes houvesse dado lentes mágicas, que avistavam e filmavam os recônditos de meu eu, então deformado, o inverso do conceito e imagem que eu fazia de mim.

Introspectei-me. Reformulei e transpus limites e barreiras que sabotavam meu crescimento. Revi conceitos. Renovei ideias e removi sentimentos negativos.

Considerei as experiências vividas.

Esmiucei dúvidas e refleti sobre fenômenos psíquicos de minha consciência.

Enfim, confrontei-me, com a inusitada ajuda de supostos inimigos.

Examinei, criteriosamente, meus pensamentos e emoções mais profundos. Esgaravatei minha presença e meu papel na rede espacial. Encontrei em mim o inimigo com que passei a lutar.

Esconder-se atrás de uma película especial, ultraescura, pode dar-lhe sensação de segurança e conforto.

Pode dar-lhe, por outro lado, o desprazer de ver e ouvir o que não quer e expô-lo a si próprio, na opinião alheia.

Diversamente, a conversa que parece fútil e inútil, vem a propiciar, agora, o valoroso autoconhecimento. Obrigada, amigos ou pretensos inimigos.

UM SILÊNCIO PREOCUPANTE

Todos falavam, até ao mesmo tempo.
Em euforia. Não se preocupavam em responder ao que alguém perguntava.
Havia uma ânsia de falar... falar... falar.
Sem pensar em nada, só pensando em ouvir, fiz silêncio.
De repente, passaram a preocupar-se comigo.
-O que houve com você?
Outro inquiria: - O que está acontecendo?
- Você está nervosa?
Só então falei: - Gente, eu é que pergunto!
Tudo bem. Queria ouvi-los. Não sabia que o silêncio tem tanta voz, repercutindo em todo o ambiente, disse a rir deles, quebrando o gelo.
Deixa quieto, off: gostei de calar-me. Foi por uns instantes de nada, que bastaram para ouvir e observar muita coisa: vivas à alegria, maledicência sobre quem não participava da reunião, louvores a alguém da mesa, sorrisos e olhares hipócritas, levantamento de brindes, vozerio confuso, afagos e guloseimas, cem decibéis arrebentando os tímpanos...
Em meio àquela euforia, adrenalina pura, alguém silenciar pode tornar-se bizarro mesmo, até sengraçante.
Pensando bem, não vou ser desmancha-prazeres. Não estou em retiro espiritual, muito menos num velório.
Entrei na balbúrdia, na festança, falei pelos cotovelos, estourei champanhes, dei risadas e gargalhadas, enfim, entrei no clima e até na dança, na leveza de um bom vinho ou de um destilado.
A vibração foi contagiante e todos ficamos muito felizes!

...A ponto de os corações gritarem FELIZ ANO NOVO, enquanto lá fora espoucavam fogos de artifício!

O SOL MATUTINO

Vem batendo forte, rompendo nuvens com seus raios.
Estou em sala de aula e sou adolescente.
É sábado, dia de redação.
Sei sentir o sol e nunca pensei em falar sobre ele. Dizer que é fixo e uma estrela de quinta grandeza? Que sengraceza! Lugar-comum.
Posso, todavia, falar com ele.
Perguntar-lhe por que brilha tanto, se nem sequer é de primeira grandeza?
Indagar em que se firma no espaço?
Por que nunca se ouviu falar em você, sol, cadente nem ascendente?
Dizem que você está alto, a pino, sol meridiano e você não sai do lugar...
Deve ser por isso que Nicolau Copérnico se encabulou com você e constatou que é o centro do sistema, não gira, nasce pra todos, sem preconceito, sem discriminação.
Você se orgulha de ter os planetas se movendo ao seu redor?
Pelo que dizem, politicamente você é muito democrático e sem vaidade. Aparece, dá um espetáculo de luminosidade e calor e desaparece no horizonte, sem estardalhaço.
Sua missão você a cumpre dia por dia e sempre é dia para você, que hoje surge aqui e amanhã, do outro lado do universo.
Para mim, sua empatia e princípio de alteridade fazem-no de primeira grandeza, por ser simples, brilhante e nobre.
Afinal, falei com você. Não ouvi sua voz.
Agora sei que a cintilância de seus raios diz tudo, dispensando-o de irradiar sons inúteis e palavras ao vento.

Bom dia, SOL. Obrigada por sua gratuidade, beleza e fulgor.

O ENCONTRO

Em meio a flores verdes e lago azul, encontro você.
Nuvens em plumas o escondem. Deixo que passem e o encontro.
Em meio à música suave e sonolenta, sonolenta e suave, em suaves lentos lamentos, acho você.
Onde estou, está você.
Não deixo que se vá.
Ponho-me a meditar, a cochilar, a sonhar e o encontro em meus sonhos.
Falo com o silêncio, o sol, a lua, as estrelas e sua voz ressoa em meu coração.
Um suspiro de saudade traz você para mim.
No mais íntimo do meu ser, nos recônditos de minh'alma, nossas mãos se encontram.
Abraços e beijos nos enlaçam e entrelaçam.
Somos um único ser, na vibração do amor.

DE COVID

Tantos tiveram Covid, dengue, chikungunya, enfisema pulmonar, gripe de tudo quanto é número, influenza de A a Z, cardiopatia, pneumonia, depressão, depressinha, apendicite, apaixonite... e eu firme, comendo e bebendo, tomando sorvete e drinks.

É certo que, na infância, tive as doenças então obrigatórias: sarampo, coqueluche, verminose, furunculose, dores abdominais de tanto comer manga verde com sal, goiaba de vez, cajá manga, toda fruta da estação, leite com umas e outras...

Na adolescência, foram as espinhas, cuja feiúra tem o bonito nome de acne. Outra coisa é que fui enfezada: só cresci após os 16 anos. Tinha menos de 1,50m.

Minha zelosa mãe me levava ao médico, pensando não estar bem daquele jeito. Essa menina deve estar com anemia, sequela do sarampo, dizia. Fiz até dieta de comer ovo cozido duas vezes ao dia, por dois meses. Gosto até hoje.

Também fui uma jovem magricela, quando belezura era ser cheinha. Peito que é bom, nada.

Meus lindos cabelos lisos, loiros, recebiam "permanente".

Fui supersaudável por mais de 60 anos. Só precisava de remédio mesmo era pra aumentar o apetite, até aprender o que é obesidade e correr dela a 1000 km/h.

Na velhice (credo, hein??), já coloquei prótese num dos joelhos e sobrevivi a uma tromboembolia pulmonar.

Agora, depois que Covid virou mesmo uma gripezinha, com tanta vacina e sem medo de virar jacaré, contraí a danada. É negócio da China!

Paxlovid (!!!), Fluimucil, Xarelto, Expec, Glutamina, extrato de própolis, chá de limão, mel, chá de casca de laranja com cebola e alho, Clonazepam e tudo quanto é pam e pan...aceia...
Arrr!!!
Falta água pra engolir essa xaropada!
Mas, tudo passa nesse mundo que passa, não é mesmo?
Espero que o coração, se não mais é puro, seja purificado, pra não passar.
Xô, Covid!!!

EMERGÊNCIA

Chegamos à emergência.
O paciente está sem paciência.
Até que hoje, excepcionalmente, após trocar o dia pela noite, parece mais calmo.
Feito um cadastro, uma ficha e outras formalidades, é chamado pelo jovem médico.
Adentra o consultório, com duas acompanhantes (só se permite um/a), que tentamos explicar tudo que está acontecendo com ele, desde o dia do diagnóstico de Covid.
Não vou expor aqui o que tem passado, com um princípio de demência, fobias, palavras e assuntos desconexos.
As noites têm sido de intranquilidade.
O Doutor, jovenzinho, atencioso e interessado em tomar pé da situação, pergunta tudo.
Diz que vai por partes. Pede uns exames, manda fazer logo uma hidratação, cogitando mesmo interná-lo.
A primogênita o acompanha, pois um idoso não é assistente do outro. Fico na sala de espera, esperançando melhoras.
O médico é fantástico. Ao mesmo tempo, sem saber, está me tratando. Entro em convalescença, só pelo fato de o marido passar pelo bom atendimento na área neurológica.
Decerto vou ficar aqui pelo menos umas duas horas. Será internado? Logo vamos saber.
Vou ligar para um dos sobrinhos cardiologistas e deixá-lo ciente. Está muito preocupado com o tio.
Já fiz um lanchinho, porque a fome bateu.
A caçula me buscou aqui. Já estou indo pra casa, onde vou aguardar os próximos lances.

A preocupação é grande, todavia a direção certa foi tomada.
Já estão saindo os resultados de raios-x, exames de laboratório, tomografia.
Que ansiedade! Estou pior que o doente.
A intuição se confirma: há indicadores de infecção no organismo. Será feita ressonância magnética e também punção na coluna vertebral, ele já internado.
Amanhã...
Nas mãos de Deus.

Goiânia, 18 de fevereiro de 2023

QUE ANSIEDADE!

Preciso falar, ligar pra alguém, ligar para o mundo!
Vociferar, gritar, dar uns ganidos!
Grunir qualquer coisa! Não aguento mais certos grunhidos!
Conversar com as paredes e as portas.
Contar-lhes meus segredos e angústias.
Ah! Lembrei: as paredes têm ouvidos e porta é porta.
Vou ficar calada, resignada, teclar alguma asneira...
Genial! O tempo começa a passar. Os minutos demoram, mas os segundos vão a 100 por hora.
O paciente de quem estou como acompanhante por um turno é desassossegado. Quer porque quer que eu vá atrás do médico.
Ora, nem o conheço ainda. O posto de enfermagem não sabe de nada, nem precisa pensar, é meramente executivo.
O médico já está protelando, segundo os padrões do doente.
É duro mesmo ver soro pingando, lentamente, pingo por pingo.
Acho que os pingos representam o pêndulo de um relógio de parede: vai e volta, vai e volta...
Perco a paciência também. Encontro a médica no corredor e a interpelo. Identifico-a por intuição. Nunca antes a vi.
Já vai passar por aqui. Vai só ver primeiro a D. Conceição...
Deve estar muito mal, pois já faz uma hora da promessa.
Que venha a doutorazinha e tomara que traga boas novas.
Qual nada! Ainda não viu o laudo da ressonância magnética.
Pode ser qualquer coisa ou até mesmo coisa alguma.
A ansiedade se mantém firme! Não arreda o pé!
Meio-dia. Troca de guarda, ou melhor, de acompanhante.
Até amanhã.

INSÔNIA

Não vou dormir.
O sono disse boa noite, até amanhã.
O amanhã veio. Já é madrugada.
Faço café à zero hora.
Ligo a TV e ponho num canal de esportes.
Passa um joguinho "pelada", que nem olho.
Ouço desinteressada o comentarista medíocre, tão empolgado.
Um jogador rola, fazendo cera. Seu time deve estar ganhando.
Uma chata voz feminina faz uma breve entrada.
De repente, o insone que causa insônia resolve dormir. A sequela da Covid não deixa. Mantém-no ligado. Não adianta ir para o quarto. Vaivém na avenida.
Talvez volte de lá para a sala em menos de um minuto.
Acertei. Estamos aqui, no mesmo lugar.
Um "craque" é expulso. Outro também.
Pênalti. Goooooool!!!
Sei lá. O VAR saberá.
Um time é azul, o outro, vermelho.
Pouco se me dá. Podem usar uniformes iguais. Quisera dormir.
Já passou o efeito dos tranquilizantes.
De vez em muito dou uma olhada na tela.
Não falta muito pra terminar o belo jogo.
Melhor seria estar numa praia ou sonhando com um grande amor que nem mais é grande assim.
Dormir é tão bom! O corpo e a mente repousam.
Aliás, o sono é passar pela experiência de morte. Sem sofrimento, a não ser que tenha um pesadelo e acorde chorando ou dando uns tabefes em quem sequer sabe de seus pesadelos.

Mas antes todavia nunca do que mesmo assim sem senão jamais, cadê os ovos que a galinha pôs? Eles eram 3, eu só vejo 2. KKK KKK

Diga que já não me quer. Negue que me pertenceu...

Entre mortos e feridos salvaram-se todos. Faz sentido: uns foram para o Céu e os outros passaram por cirurgias, emendaram-se-lhes nervos e membros e sobreviveram, mesmo a claudicar.

Encerra um jogo, começa outro, *replay*, tudo como dantes na casa de Abrantes.

Três horas da matina. Uma serenata faria bem. Talvez a noite até seja enluarada.

Mas pra quem mora acima do vigésimo andar, brincadeira!

Também onde já se viu uma velhota ganhar aquela seresta apaixonada, um violão a lamentar o menosprezo da amada?

As horas continuam lentas... lentas.

Até que enfim dá 06h.

Chega, finalmente, nesse novo dia, a hora de dormir e sonhar com uma doce cantata.

Bom dia, dia noite! O dia é noite. A noite é dia.

TRAGÉDIA EM DOMICÍLIO

A violência inominável bate às portas de profissionais da Advocacia.
A Ordem dos Advogados do Brasil, o Judiciário e toda a sociedade goiana estão de luto. Sentem e repudiam o crime hediondo que acaba de vitimar Sacerdotes do Direito:
Marcus Aprígio Chaves e Frank Alessandro Carvalhaes de Assis.
Goiânia, 28 de outubro de 2020, dia de tragédia em domicílio. 😔 ☦ 💔
Dois meliantes, passando-se por clientes, entram no Escritório das vítimas, mandam-nas ficar de costas e as executam.
Em seguida, fogem, como seria de se esperar.
Cinco Delegados e dezenas de policiais passam a investigar, com rigor, o caso.
Todo mundo, o jurídico, principalmente, está perplexo e indignado com a execução.
Nós, advogados, ficamos à mercê de bandidos.
Nenhuma categoria profissional se sente segura. Basta algum interesse ver-se contrariado.
Deus nos livre de tanta violência. Execrável.
Gostaria que os caçassem com todas as armas, unhas e dentes, e fossem para uma penitenciária, condenados a 100 anos de reclusão, e cumprir os trinta que a lei autoriza.
Um deles é morto em confronto com a polícia, conforme noticiado.
Seria a chamada execução recíproca? Nem houvera de falar-se em bode expiatório.
Assassinatos por recompensa. Pistolagem.

Motivo torpe. Repugnante. Crime hediondo.
O luto invade e descolore nossos corações.

QUE MUNDO ESQUISITO!

Esse mundo não é branco nem preto.
Não tem cor, não tem amor, é esquisito.
Amanhece, anoitece.
Nada acontece.
Só não o vê o alienado.
A terra treme na Turquia e na Síria.
Ciclone arrasa o litoral norte de São Paulo.
Furacões devastam a América do Norte.
A Indonésia padece. Tufões levam tudo à sua frente. Árvores centenárias ficam de raízes para cima e as pessoas, de cabeça para baixo.
A Ucrânia há um ano sob o poderio bélico, econômico e cruel da Rússia.
O Brasil inseguro, sob um governo cujos propósitos quer entender.
Nosso coração entristece.
Acidentes naturais, acidentes no trânsito, inundações, alagamentos inesperados.
Tempestades de granizo, raios fulminantes.
Embarcações a naufragar. Gente a naufragar, nos mares, na terra, no ar.
Mortos, feridos e desaparecidos.
Falta água, luz, pão, agasalho e solidariedade.
A Cruz de cada um vai ficando mais e mais Vermelha.
As sirenes disparam loucamente, atordoando e aterrorizando.
São os Bombeiros Militares e ambulâncias acelerando desesperados a prestação de socorro.

Edifícios e pontes desabam, asfalto rompe-se, formando crateras, morros desmoronam, cabeças entram em rota de colisão.
Lamaçal toma conta de cidades, rios, lagos e de tantas almas.
Veículos pesados, tratores, colheitadeiras buscam e recolhem cadáveres soterrados.
Ruas enchem-se e congestionam de carros funerários. Lágrimas aumentam o volume das enxurradas e número de pessoas, animais e carros que levam em corredeira avassaladora.
Vem o Carnaval. Os que antes passavam privações, juntam uma grana e já vestem belíssimas fantasias.
Outros, mais modestos, fantasiam-se de si mesmos.
Há os que usam as roupas do dia a dia que muitos julgam ser fantasias.
Há igualmente muita esnobação, o ouro nos sambódromos e avenidas interditadas, clubes de luxo. Comes e bebes de milhares de reais, consumidos em rodas de samba, arquibancadas, trios elétricos e camarotes.
Estão ali, participando ou se intrometendo naquele mundo de despudor, nudez, máscaras, drogas, ilusões e sexo, homens, mulheres e LGBTQIA+.
Esquecem-se, por uns dias, noites ou por momentos, da realidade lá de fora. Entram num círculo de orgia ou num circo, como se lhes parecer.
Alienam-se, consciente ou inconscientemente.
Não demora, o fogo apaga e já é quarta feira... De cinzas.
Entre mortos e feridos salvaram-se todos.
É a vida... que nos assusta e horroriza, nesse mundo esquisito.

PAI NOSSO ÀS AVESSAS

Pai Nosso que estais em toda parte, mandai vosso Filho Jesus ver o mundo que Ele deixou...
Está completamente mudado. Acabou a Idade da Pedra e não param de atirar pedras uns nos outros.
Lamento contar-vos que as pedreiras estão acabando.
Deixastes tanta água doce e uma grande parte já amarga, a outra secou. Estão dessalinizando água. Toda ela é vendida em galões e garrafas de plástico, e estão poluindo rios e mares.
Inventaram coisas com que talvez nem sonhásseis..
Agora passaram a vender a luz do sol.
Criaram a energia solar.
Enquanto Adão e Eva estavam no Éden, as frutas e tudo mais era gratuito e puro, sem agrotóxicos nem conservantes.
Nada mais tem o gosto natural.
Preciso contar-vos também e Jesus há de constatar: viraram tudo de cabeça para baixo. Agora, há o LGBTQIA+ e ninguém sabe mais quem é quem e o que quer ser.
Também há divergências e confusão em tudo e o mundo virou uma Torre de Babel.
No âmbito político, então...
Sobre Moral, Sodoma e Gomorra teriam inveja.
Ah! A Torre de Pisa pode acabar nisso aí, fazendo jus ao parônimo.
Pai Nosso, venha a nós o vosso Reino.
É tudo que queremos, com direito a sentar-nos à vossa direita.
Seja feita a vossa vontade, depois que atenderdes à nossa, sobretudo aqui na Terra.

O pão nosso de cada dia nos dai sempre, recheado de presunto, muçarela, geleias e sabores baunilha e canela.
Se formos tentados e não tiver jeito, deixai-nos cair e dai-nos coragem de levantar e pedir perdão.
Estão inventando também a inteligência artificial, e nós, humanos, ficaremos à toa na vida e sabeis, desde a eternidade, que cabeça vazia é oficina do diabo.
Enfim, Senhor, não ouçais nunca o que pedirmos e não fordes atender, pela impertinência manifesta.
Perdoai nossos malfeitos e não conteis a vosso Filho Amado nem um quinto do que virou esse mundão.
Que Ele venha outra vez, com mais misericórdia e compassividade. Caso contrário, a cobra vai fumar e não ficará pedra sobre pedra.
Sei que ELE só vai acreditar quando vir com os próprios olhos, que ficarão arregalados como nunca vistes!
Não apavoreis Jesus, meu DEUS PAI.
Ide devagar!
AMEEEÉM!!!

DE MÉDICO, POETA E LOUCO... - IMPOSTOS E IMPOSTORES

Chorou piscinas, em sonhos de menina.
Falou com o travesseiro, o grande conselheiro. Seus conselhos, de vez em sempre, entravam por um ouvido e saíam pelo outro.
Atravessou deserto a nado.
Voltou com as mãos abanando.
Acenou para a Vida, que, afinal, até lhe sorriu.
De História, estórias e politiquice nem queria falar, mas de Santo do Pau Oco, o Brasil anda cheio, desde os tempos da Coroa.
Hoje, são malas, fundos falsos, cueca, porões, aviões.
A guardar e levar os milhões... Drogas, ouro em barras. Uma farra. Hipocrisia. Roubalheira. Trapalhadas.
Não fogem mais do imposto da Casa de Fundição.
Eis aí os impostos e impostores.

DE MÉDICO, POETA E LOUCO... - NUM PROGRAMA DE CALOUROS

Na escola, com o rei na barriga,
Era uma sabe-tudo, sabereta.
Queria ensinar Pai Nosso a vigário.
Acordos leoninos fechou em seu detrimento, em tantos momentos.
No mato sem cachorro, chorou mais que carpideiras, em prantos encomendados.
Foi atrás de cartomantes, benzedeiras, terreiros, búzios... videntes ciganas.
Evidente que nada achou, no futuro revelado.
Engoliu sapos, falou cobras e lagartos, levou mordidas de macaco.
Num programa de calouros, cantou, até o fim, uma "Índia" esganiçada.
Nem o gongo a salvou.
E teve sorte: não foi vaiada.
Somente umas palmas ralas e arritmadas.
Um talco, seu prêmio de consolação.
No palco de um grande salão, com amplificador de som, do desafinado som, que ressoou pela cidade e mexeu as águas do rio, de onde os irmãos dela pescavam e ouviram um berreiro!!!
Que fiasco!
A plateia começa a dispersar: Pedrinho deixa o auditório, a caixa de engraxate às costas.
A menina sai e vai comprar um sorvete.

DE MÉDICO, POETA E LOUCO... - CHARLATANISMO

A Doutora charlatã receita homeopatia, dieta, jejum e abstinência.
Indica infusões aromáticas, amores, banho de sais e pétalas de rosas.
Vende sonhos.
Poetiza e deixa-se ruir em ilusões.
Diz “Não!” À maria vai com as outras.
Casa da mãe joana também descarta..
Limpa a casa e lava em casa roupa suja.
Segue o próprio destino, quando chega à encruzilhada.
A demência toma conta de sua mente.
Certamente. Pois é... Não é?
Fala o que quer, ouve o que não quer.
Semeia vento, colhe tempestade.
Fantasia. Delira. Sente. Não sente.
Não mais sabe o que sente.
Gagueja. Mente. Sol poente.
Pensa ter nascido antes do tempo, que desde a eternidade é Tempo.
Enfim, deixa de nhenhenhém...De mi-mi-mi!
Cada um canta como lhe ajuda a garganta.
Nem tudo que reluz é bijou.
Vivendo e desaprendendo.
Antes nunca do que tarde...
Vade retro, Satã!
E vá de frente, santinha!!!

DE MÉDICO, POETA E LOUCO... - O REPENTISTA

A correr contra o tempo e contratempos,
Sem tempo sequer pra pensar no tempo,
Tenta a travessia do túnel do tempo.
E vai quebrando correntes,
Nadando contra a corrente,
No tempo intercorrente.
Sem entender patavina,
A entrar no mundo digital, poetar e contos contar, sem um ponto aumentar.
Começa andando à toa, rindo à toa, sem olhar para a proa.
Mesmo cozinhando com pouco fogo,
Em banho maria, comete erros crassos, com versos em descompasso, passo maior que as pernas.
Nada lhe parece um bicho de sete cabeças, mas tudo pede leveza, engenho, entrelinhas...
O carro na frente dos bois, sem bússola,
Sem norte... sem sorte, se achando em grande porte.
De repente, não mais que de repente,
Ele se faz repentista.
Repensa a vida, em si tão esquisita.
E vai trovando trovas e repentes, de afogadilho, tão de repente, num repente.

RESQUÍCIOS DE ADOLESCÊNCIA – FUGA / SUSPENSÃO / SAUDADES

A fujona de uma conferência foi mandada pra casa.
Suspensa das aulas por três dias, inventou para a família um tríduo de pesquisa em domicílio (!!!).
Daria tudo certo, se não fosse escrever no "Meu Diário" :
‘GRAÇAS A DEUS, fui suspensa daquele "abacaxi"!Não aguento mais tanta chatice... Arr...’
Uma curiosa irmã leu tudo e só não contou "pros meninos do grupo".
A raiva foi tanta, que a gazeteira fez uma fogueira (só pra rimar!) de 16 diários (cadernos) que poderiam ser seu primeiro livro.
Não há exemplos na Literatura?
Faz tempo que perdoou a indiscreta bisbilhoteira!
Acha bem melhor relembrar tudo que hoje a faz rir e ver, como em um filme, a "cara" dos frades, descobrindo a fujona atrás das grandes colunas do corredor.
Como poetiza Manuel Bandeira, tudo agora vem "nos laços da saudade, quase impossíveis de romper. Tudo que amamos são pedaços"...

DE TROTES E CONGÊNERES

Não precisei do 190.

Estava em visita a uma irmã hospitalizada, quando o inconveniente celular tocou e fui para o corredor ver quem era.

Resolvi atender.

Em um 083 ou 085, não sei, disse ser aquele meu primo Fulano, que nunca vi nem na feira vendendo rato branco e que precisava falar comigo, urgente!

Escutei uma voz forte, meio triste, do outro lado.

Não recordo bem o que disse. Mas falava em sequestro de meu filho e pedia resgate.

Deu o número de uma conta bancária para depósito de R$ 500.000,00, sob pena de eu não ver mais meu bambino.

Decidi dar corda ao meliante.

Lembro que lhe pedi pelo amor de Deus liberar meu dileto filho... Acrescentei com voz sofrida estar em situação muito dificil, presa por tráfico de drogas, na Odenir Guimarães - Casa de Prisão Provisória - CPP.

Após muito insistir no resgate, sugerindo recorrer aos ricaços da família (!!!), confessou, meio perplexo, então, que era presidiário, lá no Nordeste.

- Pois é... estamos no mesmo barco, acrescentei, num lamento comovente.

Achou muito grave a razão do meu encarceramento.

Foi aí que falei bem baixinho:

- Sinto muito, mas vou ter de desligar. Está vindo um agente prisional... e posso ficar sem meu celular, primo!

- Fica com Deus, falou penalizado.

Concluí gritando:

- EU NÃO TENHO FILHO, DESGRAÇADO!!!
Câmbio!
Uma testemunha presencial, não aguentando, caiu na gargalhada.
E agora, sua irmãzinha compartilha um *link* com a cara do malandro, de boné virado e sem sair do celular!

DENUNCIE
NÃO CAIA EM EXTORSÕES E ENSINE SUA FAMÍLIA A SE PROTEGER
LIGUE PARA A POLÍCIA NO 190

UM SIMPLES GOSTAR

Não gosto de muito choro, chororô, mas gosto de gente que chora, não a toda hora, de gente que deixa as lágrimas para as grandes dores.

Amo gente que ri, sorri e gargalha e seu humor contagiante não falha.

Gosto de tanta gente... meu coração bate, sabe e sente, pulsa forte e contente.

Meu coração gosta, gosta e gosta... e não tem medo de tanto gostar, de tanta gente, que é mesmo Gente!🥂

NÃO CONFUNDA!

Uma coisa é uma coisa, outra coisa é outra coisa.
Rio não é riacho.
Serpente não é peixe.
Pedra não é pão.
Pedro nem sempre é Pedro.
Preto é preto e branco é branco.
Nem tudo que reluz é ouro.
As aparências enganam e o tolo deixa-se enganar.
À noite todo gato é pardo.
Muito trovão é sinal de pouca chuva.
Quem tudo quer, tudo perde.
Melhor um pássaro na mão que dois voando.
Cão que ladra não morde.
Enquanto os cães ladram, a caravana passa.
O peixe morre pela boca.
Quem fala o que quer, ouve o que não quer.
Quem semeia vento, colhe tempestade.
Quem chega primeiro, bebe água limpa.
Tamanho não é documento.
Para bom entendedor, meia palavra basta.
Onde há fumaça há fogo.
Não compre gato por lebre.
A palavra é prata, o silêncio é ouro.
Quem encontra um amigo, encontra um tesouro.
Um amigo fiel não tem preço, é imponderável o seu valor.
Paixão não é amor.

SAUDAÇÃO PÓSTUMA

É o Dia da Árvore. Amanhece alegre, ensolarado. Toda árvore balança as folhas ao vento suave, prenúncio da estação das flores. Botões de rosa e ipês, em todas as cores a se abrir, colorem a cidade, que vibra e sorri.

O tempo vai passando. A marca é de onze horas. Cronos e não florezinhas. Cada um em sua casa, em sua caminhada, nas compras, nas piscinas. Rotina. Dia a dia, na leveza de sábado.

De repente, um vulcão jorra lavas na Terra. É o fogo gélido de uma dor profunda, associada, provavelmente, a outros males existenciais. A depressão sinaliza a pista da rodovia de uma vida.

Fora ditado àquela alma pura, àquelas mãos que acolhiam vidas para a luz, fora-lhe ordenado parar no acostamento.

Sim, aquele espírito aparentemente forte resiste, rompe com a sinalização e antecipa a ultrapassagem. Entra em colisão. Rompe com a Vida.

Angústias, tristezas, ressentimentos, apatia. Instabilidade de humor, trabalho excessivo. Insegurança emocional. Solidão, talvez. Isolamento. Crise de euforia, seguida de pranto incontido. Extremos. Desequilíbrio psicossomático.

Tudo a conduzir à fuga de si mesmo.

Tudo irrompe, simultaneamente. A voz do imponderável grita em seus ouvidos.

Tira os pés do chão e solta-se no ar, em acrobacia fatal.

O corpo jovem pousa no solo, após rodopiar sem sentido, volteando para o nada.

Não mais está aqui o jovem médico, profissional dedicado, o filho que tudo tinha na mãe e vice-versa.

A fé está a dizer que recebera o perdão e subira à Eternidade, acolhido pelos Anjos do Bem.
Lá não há mazelas, reveses nem amarras. Vive liberto do vale de lágrimas, onde, porém, deixa sua missão, que, aos olhos humanos, não concluíra.
A todos resta a perplexidade. Paradoxo. Agora, importa sua chegada ao Reino.
No coração de cada um, só à infinita Sabedoria é dado penetrar.

Não cabe a ninguém questionar os mistérios do íntimo ser.
Deus conhece cada filho desde toda a Eternidade, muito, muito antes de se aconchegar no ventre materno.
- Você é um arbusto, uma amoreira que deitou verdes ramos e produziu doces frutos de vida, em sua breve estada na Terra.
Pensavam que fosse um jequitibá ou uma gameleira.
Foi celebrar, no Infinito, seu dia, ó Árvore, e aí, fincar raízes eternas.
Tantos choram, sim, a brusca partida, nessa viagem sem volta.
Como Jesus no Getsêmani, cuja alma estava triste até a morte, decerto você buscava cura para a dor. Não um fim incompreensível e incompreendido. Fazia um apelo.
Precisava sorrir e ver uma luz no fim do túnel. Seu grito de socorro ecoou no deserto. Perdoe. Os sinais não foram suficientemente percebidos.
Os Anjos abracem e beijem você. Que sua cura seja profunda, total e definitiva, nas plagas celestiais.
O Senhor é o Deus do recomeço. Repouse no Espírito Santo.
- A bênção, Mãe!
- Deus te abençoe, Filho, onde estiveres.

JURAMENTOS

Você entra num sofisticado vestido de renda francesa e põe-se a jurar tudo quanto o padre manda.
O altar é bonito, seus pais e irmãos presentes e emocionados, convidados formalmente dispostos e bem-vestidos, os padrinhos pedindo a Deus, certamente, pra terminar logo o grito de guerra intitulado marcha nupcial.
A capela ganha arranjos caríssimos, muito vistosos.
A moça veste-se a caráter, com direito a grinalda em cristais, firmando o longo véu. O rapaz, de terno, nervoso, aguarda a noiva, que se atrasa para causar *frisson*, certamente.
Você mal sabe o que faz naquele ambiente luxuoso, naquela hora, em meio a centenas de olhares.
Pensar? Não é pra agora. Coração ligado, *beat* acelerado.
A música empolga, todos os olhares se voltam pra você, que pela vez primeira é protagonista.
Não treinou bem seu papel, o ensaio foi inútil, a vida que os espera não se enquadra no cerimonial.
De repente, as flores já estão murchas e o casal ainda nem saiu da capela.
Lá fora, a vida os espera: não têm casa própria, luz própria nem amor-próprio, talvez.
Nem sabem por que se casam.
Vão viver juntos, compartilhar ovações e lágrimas, cama e mesa.
Pobre mesa. Não que lhe faltem provisões. Há outras carências e deficiências, só detectadas com o passar do tempo.
De repente, é como se não se conhecessem. Nenhum dos dois é o mesmo enamorado. O luar já não tem poesia, beijos e abraços

ficam quase que restritos à lua de mel, a retornar de quando em vez.
Carnês chegam, locação vence, o automóvel pede manutenção.
A mesa sempre farta, diga-se de passagem, vai empolgando.
Depois, logo, logo ou bem depois, vêm filhos, trazendo fortes emoções, renovação, mudança de hábitos e planos.
Com vocês, porém, nada muda, a não ser o aumento das responsabilidades.
A vida vai passando sem maior entusiasmo.
Os filhos crescem depressa, graduam-se e já são senhores de si.
Seguem sua vida.
Vocês juraram, com a mão na Bíblia e o coração na mão, amar-se, respeitar-se, ser mutuamente fiéis, na alegria e na tristeza, na saúde e na doença, todos os dias de sua vida.
E vão cumprindo os juramentos, palavra de honra. Amor, eterno amor.

https://youtu.be/kxQ8RgGpmUc

https://youtu.be/s28gDddwt_E

A QUALQUER MOMENTO

É o momento de se ganhar um abraço e um beijo.
Pode ser um selinho ou um beijo sensual, cinematográfico, de tirar o fôlego.
O abraço apertado, bem apertado, fazendo de dois um só.
Carícias apaixonantes, doces, fogosas...
O corpo ferve, o calor penetra seu ser ofegante e trêmulo.
A mente é toda volúpia. A sensação de prazer os domina e faz explodir os corações em flamas.
Eclode o vulcão da luxúria.
Desatam-se os nós e se tornam laços envolventes e voluptuosos.
Tudo é genuíno, aceitável e aceito, mesmo que efêmero.
Não há defeitos nem vícios redibitórios.
Acha-se o puro prazer, o deleite compartilhado.
A conexão é plena, a sintonia perfeita, os corações sincronizados pulsam no mesmo ritmo, tão célere e efusivo.
Tão fervoroso, ardente!
É o que acontece a qualquer momento e que se eterniza em seu âmago.

A CONQUISTA

Quero convencer-te a me amar.
Já te sentes atraído por mim, é visível.
Preciso ser bem querida, sem mostrar-me presa a ti.
Posso estar sendo misteriosa e te afastando.
Talvez não estejas a compreender que a paixão bateu forte e meu coração não está conseguindo disfarçar.
Não vou dar a conhecer tanto afeto e quem sabe ser desprezada.
Tu te mostras um pouco misterioso também, meio confuso, ininteligível.
O tempo vai passando... passando.
As demonstrações de carinho aumentam e vão rompendo barreiras. Os limites são quase olvidados.
Vêm abraços e beijos cada vez mais ardorosos e ousados.
As carícias ficam mais íntimas e efusivas.
É o perigo da paixão avassaladora.
O desejo é de um sentimento perene e não de loucas sensações... Um sentimento que se renove todo dia, seja maravilhoso, doce e indolor. Mas...
A razão vai ficando tão distante...
Chega o momento de deixar-se abrirem corpo e alma e arriscar.
É tudo ou nada nesse jogo de amor.

SUTILEZAS

Aquela florzinha branca chama-se *Bom dia*.
Sua irmã é também delicada, mas roxa e seu nome é *Boa noite*.
O sol aparece no horizonte e não desperta atenção.
O poente, tão encantador, não arranca suspiros.
O som da água corrente de um riacho nem sempre é ouvido.
A noite cai, o sono vem, os sonhos são sonhados...
Uma criança dá risadas e aquilo se acha sem graça ou sem sentido...
O sabor de um cafezinho recém-coado...
Logo cedo a voz suave do fogo-apagou.
O perfume de uma rosa...
O sorriso de um adolescente que começa a namorar...
O cochilar durante uma aula desmotivada...
O sussurro apaixonado de um jovem...
A esperança no amanhã...
A crença na solidificação de seus projetos...
Escutar o tanger de um sino que toca somente em seu coração...
Lágrimas que escorrem pela face na alegria de uma conquista...
Uma estrela sozinha na amplidão da noite...
Alguém que lhe desperta amor e nunca mais será visto...
Uma dorzinha de cabeça que vem e passa...
Um amor que se vai furtivamente...
A beleza de um pingo d'água na folha de inhame...
O gosto do primeiro beijo...
Detalhes tão pequenos de nós dois...

https://youtu.be/54xxnkXqltw

PARTE 2 – A NUMEROSA FAMÍLIA

2.1 – OS PAIS

PRECISO FALAR DE UMA SAUDADE...

Ele foi menino descalço, com estilingue na mão e capanga a tiracolo.
Estudou em escola rural. Acho que fez o curso primário. Sei que sabia ler, escrever e fazer contas.
Era alegre, otimista e bonito. Loiro de olhos azuis.
Ainda pré-adolescente, fez uma troca de algo de valor por um "trem à toa".
Chamado a atenção pelo pai, falou na hora:
- Pai, vou devolver o canivete.
O pai retrucou, seriamente:
- "Homem não desmancha negócio!!!".
A lição de vida ficou.
Palavra de homem há de ser honrada.
Não volta atrás.
Pela vida afora, levou muitos "tombos", de homens cuja palavra era "risco n'água".
Nada o afastou dos princípios que cultivou, dos valores que o fizeram digno, honesto, cumpridor da própria palavra.
Seu SIM não precisava de testemunhas nem de lavratura em cartório.
Seu nome, cartão de crédito (se existisse naquele tempo).
Botina amarela, chapéu de palha.
Pegou "no cabo da sem graça".
Arou terras, aplainou corações...
Fez pinguelas, edificou mangueiros e currais.
Foi um construtor, fazendeiro, comerciante.
Atravessou pontes.
Descansou à sombra de mangueiras.
Profetizou que ultrapassaria o século XX e a profecia se cumpriu. Era muito espirituoso.
Se muito contrariado, cantava:
Ai! Roxa, você vai simbora!

Cê tá doida, Roxa!
Volta cá minha flor de aurora!
Jamais entrou em beco sem saída.
Homem bom. Espírito aberto.

NOSSA MÃE

Hoje, 25 de agosto.
Sim, hoje, a matriarca dos Fernandes de Lima, faria 105 anos #2022.
Poderia estar aqui, no seu lindo sorriso, em sua humildade, sensibilidade ímpar, grande capacidade de discernimento.
Sua partida tornou o vazio impreenchível.
Sua ausência transformou-se na presença cotidiana da saudade.
Foi, na Terra, a mulher fortaleza, a mulher de ferro, no vencer os reveses da vida, mãe com M.
Mãe amor incondicional, Mãe ternura, contrapondo-se àquela força vital inexcedível.
Mulher que derrotou as derrotas, os males que lhe impuseram todas as fases da existência.
Passou por várias cirurgias, no curso da vida. O mal de Chagas acometeu-lhe o coração. Inflou-o. Denso em amor.
A magna guerreira, não por acaso, nasceu no Dia do Soldado e era xará do Duque de Caxias.
"Mãe" dos primeiros irmãos unilaterais, mãe valorosa de doze filhos, avó de trinta e dois netos e bisa de tantos, que só pesquisando a árvore genealógica ...
Agora, já seria tataravó muitas vezes.
Parabéns, Mãe. A bênção.

2.2 – A IRMANDADE DE LIMA

HOMENAGEM AO IRMÃO PRIMOGÊNITO

Para os SANTANA, FERNANDES e LIMA, de Lagoa Formosa/MG, 10 de setembro é um dia muito especial.
Nessa data, em 1933, o primogênito do casal abençoado amanheceu, lá na Fazenda Mata-Burro.
Estava muito aconchegado no útero materno e relutava em deixar aquele seio tão quentinho e seguro.
Depois de três dias de trabalho, orações, chás, simpatias e panaceias mais, finalmente nasceu.
De olhos bem verdes e tão branquinho, vejo-o muito lindo, naquela manhã ensolarada.
Nasceu aos poucos, raciocinou... foi nascendo...
Sentiu que o cordão umbilical precisava ser cortado. Ambos estavam sofrendo: mãe e rebento.
Nasceu para ser Grande, física e espiritualmente.
Cresceu bem rápido.
Aos 13 anos, estava com estatura de adulto. De meu conhecimento, 1,86 m. Foi o cestinha, por aí...
Inteligente, prestativo, obediente, alegre, respeitoso, foi, igualmente, crescendo em Sabedoria. Juízo de homem. Coerência e consciência. Dignidade. Honradez.
Tornou-se adolescente sem rebeldia, um jovem responsável, estudioso, um *gentleman* e muito elegante.
Vocabulário rico, facilidade de expressão, grandeza moral, trabalhador e batalhador incansável, amigo fiel, semblante aberto, todo simpatia.
Amava de paixão seu primeiro mano, que levou para Goiás, onde enfrentou o *Exame de Admissão* e ingressou no Liceu, em 1954.

Custeou-lhe os estudos até que, acometido de deficiência auditiva, o pimpolho deixou-os por uns tempos...

Foi pajem do quarto irmão e seu padrinho de Batismo. Era assim. Houve a sequência de irmãos levando irmãos à pia batismal.

Na infância, o pernalta corria e pulava cercas de curral, para se livrar de uma surra do velho bravo pai.

Nasceu antes de mim nove anos.

Desde algum tempo, já fazia chazinho de erva-doce para os recém-nascidos irmãozinhos. Assim que chegávamos a esse mundão. Fui um dos agraciados.

Éramos tão bem recebidos.. BENZA-O DEUS!

Naquele tempo, não havia Chá de Berço nem de Fraldas. Muito menos Chá de Revelação de Sexo e de DNA.

Berço de vime era berço de ouro.

Os pais, OURO 24 quilates. GEMA.

Aprendeu a Arte Dentária, como dizia o pai e estava certo. É também Protético.

Na vida pessoal, foi filho, irmão, um pouco pai dos irmãos e pai dos pais, esposo, pai de cinco filhos (dois eram Anjos e não podiam ficar aqui); avô muito amado (cinco netos).

Sua casa abrigara, desde sempre, compêndios de Odontologia, de Filosofia, grandes pensadores, enciclopédias e tantas obras literárias.

Viveu as lutas e vitórias da família.

Sempre compartilhou alegrias e tristezas. Comemorações e luto.

Homem de fé, esteio de aroeira, ponte, abridor de caminhos, vencedor de desafios.

Transportou gabinete odontológico em lombo de burro. Foi dentista em zona rural.
A esposa, filhos e netos atingiram nível universitário. Família vitoriosa e de brio.
Valorosa. Honrada.
"Tudo vale a pena, quando a alma não é pequena".
Parabéns, primogênito irmão!

LUTO EM FAMÍLIA. ELE PARTIU HOJE: 31 de março/2021.
Está no Reino.

A VOZ DO SILÊNCIO

Desde os 23 anos sua vida foi silêncio.
Aparelhos auditivos não resolveram.
Só se casaria quando voltasse a ouvir, o que jamais aconteceu.
Trabalhador, dinâmico, fez até o 2º grau e foi funcionário público, superando a deficiência e a si mesmo, quando não havia sequer a LIBRAS.
Perguntado se queria passar por cirurgia, disse que não permitiria que lhe abrissem a cabeça e respondeu com uma reflexão que fez calar o interlocutor: *"Para ser feliz, basta viver"*.
Vítima de acidente no trânsito aos 54 anos, viveu 25 anos sob invalidez permanente, embora continuasse andando e agindo com certa independência. Era muito resistente à ajuda de outrem.
Partiu aos 79 anos, o primeiro irmão a nos deixar.
A surdez, a invalidez e o diabetes, que mais tarde o acometeram, não o impediram de viver e sonhar...
Foi feliz a seu modo e dentro de suas condições limitantes.
Foi exemplo por nunca haver reclamado da vida.
Deixou tanta saudade de suas brincadeiras e do modo de chamar os irmãos: todos eram Zico, Zica, Menininho, Menininha!!!
Nunca foi surdo a vozes de angústia!
Ouvia muito, inclusive a voz do silêncio.

UMA HOMENAGEM ESPECIAL

A mada irmã, tia, mãe, avó,
N inguém faz sombra a sua grandeza.
A tenciosa e elegante, nobre e fiel,

L uta pela vida, que ama. Franca e despojada.
U ne beleza e energia.
I ncrível mulher, encantadora jovem.
Z en, ponderada, cativante, tranquila.
A catada matriarca, sem vanglória.

D edicada mestra e advogada,
E merge mineira e se faz ceresina.

L ions, Imaculada Conceição, Fórum, STJ.
I nata amiga e companheira,
M ulher sensata, caseira,
A ma o céu, mar, flores, natureza.

S ó vive pela família,
A té se esquece de si mesma.
E levado espírito e senso de harmonia,
G rande e bondosa alma,
H onra quem nela confia.
E special, amorosa, minha irmã luzidia.

A TRAVESSIA

É esperada a travessia. Você repousa numa UTI humanizada. A Família sofre aí e por antecipação, na desesperança. Paciente desenganado. Passa a um apartamento. Recebe os familiares. Tem vida. Enquanto há vida, há esperança. Seu coração pulsa compassado. Respira espontaneamente, meio ofegante.

Há nosso Deus Todo Poderoso, infinitamente misericordioso, sempre lembrado.

Jesus fez, há muito, a travessia. Passou para o outro lado do lago. No trajeto, houve forte tempestade e Ele dormia. Os discípulos ficaram apavorados!

Você também irá para o outro lado do mar da vida. À tempestade o Senhor deu ordem para cessar e amainou o vento e as ondas revoltas.

Agora você também está dormindo. Talvez sem dores, sem sofrimento. O relógio vê os ponteiros rodarem... As horas vão passando.

Você continua sereno, como sempre viveu.

De vez em quando acorda, olha à sua volta e vê alguém à sua cabeceira. Vela por seu sono e alegra-se com o seu acordar. Delirando ou consciente, pronuncia palavras de carinho e mistério que encantam. Certamente passa pela experiência de quase morte. Reconhece o familiar que se aproxima. Sorri. Beija uma face.

Você retoma o sono e pode não acordar nunca mais.

Seus olhos fechados, fechados ficarão.

Por-se-á na barca.

Daí em diante, estará sozinho. Remará sozinho.

Lá no Mar da Galileia, segurará em mãos reluzentes e firmes que o levarão para o Além.
As portas do Céu o esperam, abertas, coloridas, engalanadas para recebê-lo.

OS OLHOS VERDES SE FECHARAM

Ele viveu um dia de sol e sombras que durou 77 anos.
Trabalhou desde a infância.
Era lindo e sua missão foi viver, um pouco, pelos pais e irmãos menores e, mais tarde, inteiramente, pela própria família.
Saiu de casa aos 26 anos recém-completados.
Numa noite tenebrosa e numa casa de trevas, sua alegria da juventude se perdeu em rastros de sangue.
Num beco sem saída, literalmente, estreito e cercado de altos muros, sem um fio de luz, dois homens ali adentraram e atiraram a esmo, para atingi-lo.
No local, não se via nada. Balas perfuraram-lhe a camisa, nas costas, em vários pontos. Uma delas, no rumo de sua cabeça, raspou-lhe uma das sobrancelhas, deixando cicatriz indelével.
Nesse momento, pelo clarão das balas, viu a direção em que se achava o inimigo. Não sabia que eram dois.
Atirou certeiro e os tombou.
Em meio à tremenda escuridão, saiu por onde entrou, passando por sobre os cadáveres.
Sua vida e a da família nunca mais foram as mesmas.
Fugiu, tresloucado, pelo mundo.
Nunca se soube de nada que haja levado à tragédia.
Provavelmente, alguma "barra de saia" maldita.
Faltavam poucos dias para seu casamento. A noiva, linda e prendada jovem, estava quase terminando o maravilhoso vestido de crochê, que usaria na cerimônia religiosa.
Ele, grande marceneiro, caprichava e dava requinte aos móveis que guarneceriam sua casa.
Os sonhos se esvaíram. O pesadelo veio e tomou conta de tudo.

Algum tempo depois, apresentou-se espontaneamente em juízo e foi interrogado.
O MM. Juiz, tão impressionado com sua sinceridade, pôde constatar haver agido, claramente, em Legítima Defesa Própria.
Confessou que se viu encurralado, em meio à escuridão total, no fim do corredor fétido de um prostíbulo. Era o WC dos frequentadores.
Naquela hora, ao final da audiência, o magistrado esqueceu-se da toga e disse, fitando o advogado e duas irmãs do acusado, então acadêmicas de Direito:
- Fujam com esse rapaz!!!
Sua experiência na judicatura mostrava-lhe o provável fim daquele jovem, que seria nada mais nada menos que uma execução sumária.
As supostas vítimas, covardes afeitos à violência, eram soldados PM.
O corporativismo não costuma perdoar nem deixar que se investigue, com isenção, casos tais.
No dia dos fatos, a casa de seus pais teve clima de velório.
Realmente, a morte chegou ali, matando cada um da família, que chorava vivos e mortos.
Nunca antes nem depois houve tanto sofrimento e perplexidade.
Seu pai, então com55 anos, teve os cabelos cobertos de neve, da noite para o dia.
A vida, porém, segue em rotação e translação. O tempo não para.
As lágrimas da mãe, do pai e de cada irmão foram dando lugar a olhos céticos, opacos.
Alguns anos depois, casou-se. Deixou descendentes.

Foi redimido pela própria vida.
Prescrição interrompida por duas vezes, só veio a ser extinta a punibilidade no ano 2000.
Sofreu ameaças, insegurança, traumas, prisão sem flagrante nem ordem escrita da autoridade competente, estado depressivo. Nada veio a recompor sua alma, presume-se.
A pena foi muito além da pessoa do suposto delinquente. A descensão atingiu a família inteira, em diversos planos.
Quem sabe vivera momentos de felicidade retardatária...
Esteve encarcerado, intimamente, durante mais de três décadas e a sensação de medo e pânico o atormentaram sempre, como fora revelado.
Seu coração não aguentou mais.
Um infarto fulminante trouxe-lhe a paz hoje, 05 de março de 2018.

ASSIM CAMINHA A HUMANIDADE...

EU SOU EU

Pouco importa o que pensem os outros.
A máxima é liberdade de pensamento e de expressão.
Vou vivendo....Em função de compromissos e quefazeres, sempre muito ocupada.
Sinto-me leal e verdadeira.
Não abandono os que amo.
Não sou inimiga de ninguém, embora saiba de inimigos declarados (melhor que dissimulados...).
Pouco se me dá, ora!!! Esqueçam-me.
Já nem me lembro de nenhum deles.
Vivam em paz, no que depender da ex-amiga.
Sigo em frente e à direita.
Bastam-me saúde, amizades autênticas, receptividade, uma dose de amor e de um bom vinho e... basta!
Pobre, rica, remediada, quero tirar a trave do meu olho, antes de ver um cisco no olho do outro.
Vou remando contra a corrente e, de vez em quando, até na contramão da História.
Fé e esperança dominam-me e impedem-me de retroceder.
Não busco nenhuma louvação. Quando muito, aceitação.
Não é preciso festas, luzes, efeitos especiais. A vida é uma festa, todo dia.
O sol que resplandece, a chuva caindo, o céu azul, a beleza do mar, o horizonte sem fim...
Os amigos que se aproximam, o amor que perdura, os filhos que lhe beijam a face...
E as flores a desabrochar? E o brilho das estrelas? O que dizer do arco-íris?

A água corrente me atrai. O sol abrasador, também. Formigas a andar carregando folhas, grilos em seu cri-cri, cigarras chamando chuva...
A lua me enternece e me acaricia, me inspira e me enche de saudades.
Não conto dinheiro nem horas.
Procuro ser liberta de mim mesma.
Cada um é cada um.
A vida é a vida. Eu sou eu.
Sim. Mas, afinal...
"*Quem sou eu? A alegria de quem me ama, a tristeza de quem me odeia e a ocupação de quem me inveja*" (autor desconhecido).

O GEMÃO

Nada preciso dizer dele. Só posso falar de uma saudade que se fez silêncio. De um dia de vida terrena que durou 72 anos. Não passou pela vida. Viveu-a. Enfrentou as lutas diárias. Batalhou contra privações na infância. Andou sob sol escaldante. Adolesceu atrás de balcões de lojas. Serviu no Exército e seguiu a carreira militar. Chegou a Oficial, não sem antes passar pela guerrilha do Araguaia, pela seca nordestina, pela floresta amazônica, na fronteira Brasil/Colômbia.
Rádio telegrafista, rádio amador, conhecia segredos de Estado, certamente.
Superou-se, fez supletivo e Odontologia.
Desincumbiu-se de seus deveres, com heroísmo e integridade. Não vacilou nas missões militares e da vida que se propôs cumprir. Recebeu várias condecorações do Exército.
Perdeu uma guerra, sim, após ferrenhas lutas contra um câncer que se tornou metastático.
Não se lamentou do sofrimento cotidiano.
Pesquisou e soube de tudo que se passava em seu combalido organismo.
Encaminhou, na vida pessoal e profissional, os quatro filhos, que hoje são Delegado de Polícia Civil/RR, Agente de Polícia Civil/GO, Fisioterapeuta/GO, Sargento do Exército/MG
A família esteve com ele em todos os momentos. A esposa, um baluarte, uma desprendida mulher, que se esqueceu de si mesma, para juntar forças às daquele homem que jamais se rendeu.
Deixou o Geminho tão triste!
Foi lúcido até o fim.

Hoje, seu nome é Saudade.

O GEMINHO

Quando criança, era birrento.
Cresceu birrento.
Seu jeito de ser não o impediu, todavia, de transbordar bondade, responsabilidade, cordialidade e fortaleza.
Sempre esteve presente, sobretudo nas horas de dores da família. Sempre disponível, visita um por um e está pronto a servir.
Pra começo de conversa, ele e o Gemão foram seminaristas, na pré-adolescência e um pouco mais.
O pai, severo e sistemático, ao visitá-los, um dia, deparou com os meninos encarvoados, tristes, comendo rã (kkk hoje prato caríssimo). Mandou os gêmeos fazerem as malas e os retornou ao lar, na hora!
Chegada a idade, foram convocados a servir no Exército, de onde não saíram mais. Chegaram ambos ao Oficialato.
O Geminho fora condecorado, dentre outras, com a Medalha do Pacificador, criada para galardoar civis e militares, nacionais ou estrangeiros, por assinalados serviços prestados ao Exército Brasileiro, elevando o prestígio da instituição ou desenvolvendo relações de amizade entre o pátrio e os de outras nações.
Foi para servir e, efetivamente, serviu, com patriotismo e dignidade. Era o homem de confiança do Exército na Tesouraria.
Jamais rompeu com seus valores.
Tem uma bonita família e ama a todos, embora possa parecer seco.
De conduta louvável, não é dado a louvações e aplausos.

Como todo bom mineiro, come quieto.
Gratidão a Deus pelo Geminho, o oitavo na dúzia de irmãos.

MINHA IRMÃ E COLEGA

Era goianeira, mais goiana que mineira.
Saiu de Lagoa Formosa/MG aos 05 meses de vida e, no colo materno, entrou no trem de ferro lá em Patrocínio.
Aqui, cresceu, amadureceu, estudou do Jardim de Infância à Faculdade.
Foi beguiana (Banco do Estado de Goiás – BEG), onde se aposentou como Advogada.
Mulher de caráter, personalidade forte, muito respeitada e querida, foi um Anjo para os pais e, mais tarde, para a linda família que constituiu.
Deixou-nos cedo, vencida por um mal maligno.
Na vida não se rendeu às dificuldades nem aos que quiseram ofendê-la gratuitamente.
Era uma bela mulher, admirada e cortejada.
Os galanteios não a envaideceram nem a levaram a romper com seus princípios e amabilidade.
Foi uma lutadora, discreta e impecável em sua postura e elegância.
Deixou bons exemplos de vida e tanta e imorredoura saudade.

PARABÉNS, MENINO!

É você que vive, é você que morre.
É você que vive suas e nossas angústias, suas e nossas indecisões e dolências.
É você que faz as grandes viagens que tanto nos alegram e tanto nos torturam, até o regresso com as notícias.
Você a tomar ônibus, com frio ou calor, a levar as mensagens que não podemos transmitir face a face.
É você pré-adolescente, atrás de um balcão, a lutar pela vida, pelo pão de cada dia.
É você criança, é você adolescente nos bancos escolares: ginasiano, secundarista, vestibulando, acadêmico de Engenharia Elétrica.
É você a fé depositada num coração que nos manda confiar.
É você criança-adulto, adolescente-adulto, sofrendo todos os tempos malsofridos de uma família.
Você nas ruas a fazer compras: magrinho, pálido, anêmico.
É você sorriso e força, quando todos se abalam.
Menino, adolescente, homem, sempre homem, por sua nobreza de caráter.
É você que vive, sofre, passa privações e cansaço, ansiedade, noites de insônia, a cara nos livros, porque quer crescer, quer ser maior, levantar-se, não se conformando em ficar de joelhos.
É você que vive, morre, sofre conosco nas decepções e abraça cada um nas vitórias alcançadas.
É você, MENINO, só poderia ser você.
É você, meu afilhado, que parabenizo, abraço, beijo e abençoo, nesse 09 de setembro de 1971.

A ROSA A DESPETALAR

Coloquei uma rosa vermelha naquelas mãos cruzadas,
estendidas como foram em vida.
Ela era uma outra rosa, entre rosas brancas e púrpura.
Reinava um silêncio tão grande, no grande Memorial Aliança
de Ceres.
O amplo salão, pessoas de pé e sentadas, perplexas.
Tudo ficou muito incompreensível...
Ninguém ali acreditava.
Fiquei algumas horas a me iludir...
Não era minha irmã caçula que estava ali.
A boca, em seu lindo batom vermelho, seu perfume a passar
perfume para as rosas e a enfeitá-las.
Seu semblante sorria...
Não! Definitivamente, era um pesadelo... Ou seria um sonho
que usei para fugir à realidade implacável?
Depois... um tempo depois, muitos ainda choravam.
Soluços, lágrimas a descer pelas faces entristecidas.
Ambiente sombrio. Velas acesas, num reflexo de luz azul...
Uma imagem de MARIA, com JESUS depositado sem vida, no
colo materno.
Tudo estava consumado.
Parte-se o miocárdio.
A dor causada é fulminante.

A DESCULPA DO ALEIJADO

O Banco fecharia, inapelavelmente, às 16h.
Faltavam cinco minutos.
Ele precisava fazer um pagamento.
Naquele tempo, todas as operações bancárias se resolviam pessoalmente.
Não poderia arcar com juros de mora e multa por atraso. O dinheirinho estava contado até o último centavo.
A avenida, horário de pico, muito movimentada. Veículos a toda pressa, nas duas pistas que pretendia atravessar.
Foi então que lhe deu um estalo. As muletas que usara até há pouco, depois de sofrer um acidente, estavam no carro, ainda no banco do passageiro.
Deu meia volta, abriu o velho Chevette e pegou sua tábua de salvação.
Começou a mancar de fazer dó.
Virou o Joãozinho da parada. Contou com a solidariedade de todos os motoristas.
Aff! Entrou no Banco. Deram-lhe preferência na enorme fila que se formara no caixa ainda aberto.
Cédulas e moedas na mão, enfim se livrou da dívida.
Feliz pela libertação à custa de enganação, abriu a porta e saiu cantarolando, a carregar as muletas:
A vida é boa, a vida é bela...
Seu Virgulino dá um jeito nela!
♫🎹🎸♫

PARTE 3 – NOSSAS FILHAS

DEUS TE ABENÇOE, FILHA

É HOOOJE, 23 de novembro!!!
Parabéns. Minha ruiva, minha vida!!!

Paula, da Bíblia pode dar aula.
Fabrícia, nome nobre e carícia.
Veio aos nossos braços
E nos enlaçou em seus laços.

Tão direta, reta, hiperativa,
Logo engatinhou e falava.
Chamou primeiro Papai...
Que suspirou: AI!!!

A mãe, de plano, sentiu ciúmes,
Mas depois, a toda hora: Mãe...Mãe.
Quis até virar Pãe!
Possessiva mamãe.

Veio para o bem da humanidade.
Pedido da maternidade.
Deus tem projetos de evangelização,
Em sua vida, de ser cristão.

Com Ele fala a toda hora,
Têm muita intimidade.
Na voz da fé, com naturalidade,
Pede, agradece, ora.

A avó paterna e os maternos,
Festejaram seus aniversários.
Tantos mimos e carinho,
Um barril de doce vinho, arminhos.

Tios, colegas, priminhos.

Batizada, vacinada, abençoada,
Cresceu. Formou-se Advogada.
Da PUC recebeu o "canudo",
Da OAB/MG, o escudo.

Afeita à área criminal,
Encara o Direito Penal.
Em Criminologia se especializou.
Rumos a tomar? A vida se encarregou.

Com HC e pedidos de revogação,
Abre ferrolhos de prisão.
Se tornozeleira precisa,
Não titubeia, acata a decisão.

Sua força vem do Alto,
Das leis, da Constituição.
Tem pena dos meliantes,
Mas segue adiante.

Quer a sociedade salvar,
Lutando pelos inocentes,
Pra não pagarem pelos pecadores.
Porém, para o advogado,
O cliente nunca é culpado.

Arredia a holofotes e badalação,
Fica na sua, sem ostentação.
Vai na corrida cotidiana,
Sem receio da luta insana.

Designer de joias, roupas, *influencer fashion*,

Habilidades, sem vaidade, faz o que quer.
Arranha violão e guitarra,
Seu teclado, bem dedilhado.

Faz amigos com facilidade,
Em sorriso e lealdade.
Ama a família e abraça a Vida,
Terna irmã, filha querida.
DEUS TE ABENÇOE !

Da mãe 🦉...
Uma pequena corujice. 😍

AMOR SEM FIM

Há umas tantas voltas da Terra ao redor do Sol,
Ela veio, plena de encantos.
Aconchegada em um *moisés*,
Olhos azuis, semblante dez...
Se falasse, diria "YES"?

O mundo a esperava ansioso,
Em dia de sol brilhante,
Em raios cintilantes,
Um dia maravilhoso e ameno
Um bebezinho suave, sereno.

Veio fazer companhia
À irmãzinha de um quinquênio,
Que a vendo, sorria e brincava.
A Jesus é que a rogava,
Há mais de um biênio.

Ajoelhada e de mãos postas,
A voz embargada e alta dizia:
- Jesus, meu coração não mente.
De Natal, não quero peteca, jogos, boneca.
Uma irmãzinha de presente.

De costas para a porta,
No fundo da sala orava, pedia.
A mãe, por acaso, a tudo ouvia.
- Paula, não fique assim tão tensa...
Jesus vai lhe atender ...

...Antes do que você pensa!
Oração de criança é forte, densa.

Deus ouve e não repensa.
No *kairós*, a benemerência.
No *cronos*, efervescência.

Não chegou outro Natal
Sem o advento da menina,
Desejada, pequenina.
Tão frágil, a sanjoanina.
Tão branquinha, mimosa.

Os olhos coloridos, azulados.
Após nove meses, mudados.
Não perderam a meiguice,
Nem ternura e denguice,
No doce amarelado.

O nome escolhido pela irmã
Corresponde ao talismã.
É mão e luva,
Beleza de sol e chuva,
Joia rara: ANA CLARA.

Cresceu e amadureceu.
Ajuizada e sincera,
Estudiosa, disciplinada,
Queria ser arquiteta,
Descobriu-se na área errada.

Cursou Direito.
Fez tudo bem-feito, certeira.
Na OAB aprovada, a nova advogada.
Na carreira jurídica,
Empenhada concurseira.

O futuro há de lhe abrir alas,
Deixando-a passar.
Ela sabe aonde vai
E lá... não demora a chegar.

Sua mente vai luzir
Flamas de discernimento.
Seu coração vai florir.
Sua alma, puro sentimento,
Em tela de encantamento.

Deus "a pensou" desde a eternidade.
Nasceu por Sua Vontade.
Tem para ela um projeto de vida,
Com intensidade e amor a ser vivido,
No seio da felicidade.

Parabéns, caçulinha amada.
Continue crescendo em sabedoria,
De graça e alegria é bem dotada.
A Vida lhe seja sempre abençoada.
Tudo mais é utopia.

Da mãe 🦉...
Uma pequena corujice. 😍

THE END

Eu atravessava uma espécie de ponte pênsil, não presa em cabos de aço, não suspensa em cordas.
Era uma ponte movediça, feita de um grande tronco de árvore, sobre um rio pujante e largo.
Uma plataforma de causar medo, uma pinguela.
Comecei a fazer a travessia tentando equilibrar-me, abrindo os braços, pisando aqui e ali, com muita dificuldade.
Antes do meio da ponte, senti uma força superior me firmando os ombros e pensei: 'Estou sendo protegida, só pode ser coisa de Deus'.
Continuei o trajeto, mais e mais segura, sem temer uma queda e naufrágio.
Sentia, chegando do outro lado, que nem precisava mais forçar o equilíbrio... era como se estivesse andando sem pisar na superfície.
Ia concluir a travessia quando desejei que aquela força poderosa ficasse sempre comigo, por toda a vida.
Na outra margem, na extremidade, já alcançando terra firme, vi que fui amparada o tempo todo por ele, meu esposo.
Acordei comovida. Ele dormia serenamente e sereno permaneceu.
Ainda não lhe contei o sonho.

ÍNDICE

ÍNDICE ALFABÉTICO

SOBRE A AUTORA

ORLANDA LUIZA de Lima Ferreira, advogada, poeta e cronista.
Autora dos livros **Prosa e Versos Controversos** (2021), **Caminhada – Poesias e Crônicas** (2021) e **Reflexão e Entretenimento** (2022).
Natural de Lagoa Formosa/MG, veio à luz em 08 de outubro de 1942.
Filha de Sinésio José de Lima e Luiza Fernandes de Lima, a família mudou para Goiás em 1947.
Estudou em grupo escolar, liceu, colégios e Faculdade particulares.
É especialista em Português pelo MEC.
Graduada em Direito pela Faculdade de Direito de Anápolis - FADA, hoje integrante da UniEvangélica.
Casada com o Advogado João Batista Ferreira
Mãe de Paula Fabrícia e Ana Clara (advogadas)
Desembargadora Federal TRF1/Brasília (aposentada)
Na inatividade, voltou ao exercício da Advocacia, sem abandonar os exercícios literários. Sempre escreveu, só vindo a publicar livros a partir de 2021.

ATIVIDADES PROFISSIONAIS:

Exerceu-as na Secretaria da Educação e em instituições privadas de ensino. Atuou na Advocacia, no Ministério Público do Estado de Goiás, no Ministério Público Federal e no Poder Judiciário da União.

Foi agraciada com o Colar do Mérito Judiciário Ministro Nelson Hungria e diversas outras comendas, títulos e medalhas, além de várias menções honrosas, ao longo de sua vida profissional.

Na inatividade, além de retomar o exercício da Advocacia, começou a editar textos diversos nas redes sociais, reunindo-os em livros a partir de 2021. Teve quatro poemas publicados na QUATETÊ.

I. EDUCAÇÃO PÚBLICA E PRIVADA

Professora primária e do Ensino médio
Supervisora Educacional
Planejadora Educacional
Componente do IV Grupo de Operações Projeto MEC/UNICEF/UNESCO

II. MINISTÉRIO PÚBLICO DO ESTADO DE GOIÁS

Promotora de Justiça (atuação em dez comarcas do interior de Goiás)

III. MINISTÉRIO PÚBLICO FEDERAL EM GOIÁS

1a. Procuradora da República
Membro do Conselho Penitenciário
1a. Procuradora Regional Eleitoral
1a. Procuradora chefe da República

IV. MAGISTRATURA FEDERAL

1a. Juíza Federal/MT
Membro efetivo do TRE/MT
Diretora do Foro/MT
1ª Juíza Federal/GO
Membro efetivo do TRE/GO
Diretora do Foro/GO
Instaladora da 5a. Vara Federal - Araguaína (hoje, Tocantins)-1987
Assessoria Jurídica TJGO e TRE/GO
Desembargadora Federal TRF 1

V. ADVOCACIA

Estagiária OAB-GO nº 599/1972
Inscrição Provisória OAB/GO nº 848/1974
nscrição Principal Originária OAB/GO nº 2767/1975
Escritório e *home office* até o presente

VI. TÍTULOS E COMENDAS

Colar do Mérito Judiciário Ministro Nelson Hungria TRF1/Brasília
Benemérita do Exército Brasileiro/1985

PLACAS DE PRATA

Homenagens da JFGO (3)
TRE/GO
Conterrâneos de Paraúna
Patronesse- Direito/PUC/GO -1987

MEDALHAS

Mérito Judiciário Ministro Nelson Hungria (ouro)
Mérito Eleitoral Des. Jorge de Morais Jardim/TRE/GO
Destaque Jurídico/Paraúna/GO
Elogios e menções honrosas no MP/GO, MP/Federal, TJ/GO

VII. CIDADANIA HONORÁRIA/GO

Paraúna
Ceres
Uruana

ORLANDA LUIZA

www.ingramcontent.com/pod-product-compliance
Lightning Source LLC
LaVergne TN
LVHW050554160826
845677LV00011B/2306

* 9 7 8 6 5 0 0 6 5 4 2 1 9 *